Paul E. BRUANT

Officier de l'Ordre National du Mérite

VOLÉE DE QUELQUES MARCHES DE TEMPS

Les Presses du Midi

Du même auteur aux Éditions Les Presses du Midi :

Un chevalier par chemins

Fariolo

Les gueux de l'Empire (T1 et T2)

Impression PDM

121 avenue d'Orient - 83100 Toulon
Tel. : 04 94 16 90 20 - Fax : 04 94 16 90 29
Dépôt légal avril 2001
ISBN : 2-87867-311-5

FRONTISPICE

Tout a été dit sur tout. Est-ce une raison pour fermer sa gueule ?

P.E.B. 1949

LEVÉE DE RIDEAU

Trop ressasser ce qui fut, nous fait courir le risque d'élimer ce passé jusqu'à la trame.

Dans le mouvement naturel de l'esprit et les dispositions du corps l'influant, nous portons parfois un peu trop notre pensée vers des temps clos stériles.

C'est alors que notre mémoire éprouvée est plus labile sur le jourd'hui, de potron-minet à la véprée tout le long de l'an. La nuit, le relâchement se prête à la gamberge ou au vide profond livré aux seules pulsations garanties au réveil et de la lucidité.

Faute de retenue, cette mémoire se précipite sans fond interdisant de fait l'exploitation des fruits des temps utiles s'écoulant.

Mais, de ce passé, je n'en fais pas le gérant autoritaire de ma vie. Si précieux qu'il soit, il doit être domestiqué, guidé mais certes pas à la portée d'un habile plagiaire.

Poursuivant ma démarche, j'avance à pas prudents dans la turbulence du quotidien pour ne pas aggraver en mémoire ce qui a été endommagé au cours de mes âges, emboîtages d'existence : des bonheurs exigus, trop vite passant, des déboires amplifiés et des deuils fatals, toujours surprenant et, pour le grand nombre, l'appréhension latente de cette extinction que les survivants proches constateront…

Mais je m'égare. Je m'étends. Je me disperse, quand je n'en suis là que pour frapper les trois coups du brigadier permettant la levée du rideau jusqu'aux cintres découvrant « La volée de quelques marches de temps » laissant passer l'ouvreur affairé dans la salle virtuelle éclairée a giorno sur des pièces diverses de belle ressemblance laissant poindre pour moi seul, ici ou là une flammèche fugitive : une pointe de l'âme, donc d'éternité.

Octobre 2000

RÊVE CRÉPUSCULAIRE

Évadons-nous, veux-tu vers le calme des bois
Près de la claire source où je t'aimai, ma belle ;
Allons par les chemins familiers d'autrefois,
Nous attendrons unis demain l'aube nouvelle.

Sous le ciel noir léger la nuit est une invite,
Ta main presse ma main et m'avoue son émoi
De retrouver bientôt ce qui fut notre gîte
Au pied des chênes verts près d'un sentier étroit.

Sous le couvert des ombres, ton front sur ma poitrine,
J'aspire le parfum de tes cheveux légers
Que la brise caresse en la nuit opaline !
Comme pour te troubler d'invisibles baisers.

L'aube pose au Levant un diadème d'ivoire,
Éveille-toi, ma mie, cependant que tu dors
Le soleil radieux dans un matin de gloire
Ajoure les sommets de ciselures d'or.

Ô ne dis rien encore ! Non loin est la rivière.
Penche vers ce miroir ton visage mutin
Auréolé d'amour et frémissant de fièvre
Sous le désir brûlant qui soulève ton sein.

Ton bonheur irradie dans un muet sourire
Tes yeux coulent un regard qui revient d'autrefois,
Et fait lever en moi cet amour qui attire
Tes lèvres adorées et ton souffle de joie.

Paul Eugène Bruant - 1934
(paru dans l'Éclaireur de Nice et du Sud-Est)

PICCOLO

Non, il n'était pas petit, il était grand, très grand, Piccolo. À vrai dire, nous ne lui prêtâmes guère d'attention quand nous le connûmes. Il était comme tous les chiens que de nombreux croisements fortuits ont vigoureusement abâtardis. Mais c'était un beau bâtard, avec un beau museau de chien des rues et de grandes oreilles pendantes. Sa robe était un habit d'arlequin avec des pièces jaunes et noires sur un fond blanc pisseux. Je me souviens qu'il en avait une sur la fesse gauche, comme une pièce sur la culotte sale d'un galopin; une autre le faisait paraître borgne. Pour être un bon chien sympathique, il l'était, Piccolo.

C'était le 19 juin 1940. Notre section d'éclaireurs-skieurs du 84e B.A.F, appartenant au groupement de la Tinée, tenait position dans la nature au-dessus de Valdeblore, qui apparaissait dans la vallée française à droite de la crête que nous occupions. Celle-ci dominait le ravin de Millefonds dans lequel passait la frontière. À notre gauche, étaient les premiers contreforts du mont Girauda que couronnait un ouvrage italien.

Derrière la crête, position fixe de la section, était une baraque en bois grossièrement bâtie avec de lourds madriers, des planches épaisses et disjointes. Un rocher, en auvent, camouflant notre abri des vues de l'ennemi, constituait la moitié du toit et de l'abri.

L'intérieur, faisant pièce unique, était surprenant de rudesse et de simplicité : un véritable antre de contrebandiers ou de carbonari. Sur d'étroits bat-flanc superposés étaient nos grabats faits de couvertures feutrées par la boue et de gros gilets de peaux de bique toujours humides et puants, because que nous ne pouvions sensément faire notre lessive et pavoiser au nez des guarde finane (1), et aussi parce que ce mois de juin était singulièrement pluvieux !

De l'autre côté de la salle était - si l'on peut dire - la cuisine : le domaine du cuistot, le copain qui a le plus pleuré de la campagne. Il alimentait son feu de bois jour et nuit et, de ce fait, avait la part congrue de l'âcre fumée culottant la baraque.

... Près du feu, Piccolo dormait. Là était son poste de combat. Faut dire qu'il savait y faire, le lascar ! Quant aux relèves de jour, titubant de sommeil et morfondus, nous venions prendre quelque repos... au P.C., nous nous frottions d'abord les mains au-dessus de la flamme ; nous vidions un quart de jus brûlant ou deux - moitié gnole moitié café - puis, par habitude, nous donnions une tape amicale sur l'échine de Piccolo.

Il ne bougeait pas ce bon bâtard de chien, il n'ouvrait pas un œil, mais pour dire qu'il ne rendait pas la politesse... ça n'est pas vrai !... Il remuait sa queue, mollement, mécaniquement. S'il fallait faire des manières avec toute une section qui vous lustre le poil à tour de rôle, on ne dormirait plus !...

(1) Gardes-frontières italiens.

Et, cependant, nous l'avions connu plus exubérant sautant comme un cabri, aboyant comme un bon chien qui a de la gueule.

En quelques jours, ce fils de bâtard était devenu aussi imperturbable qu'un vieux grenadier de l'Empire. Il était étonnant. Nous en étions même à nous demander comment il pourrait reprendre la vie civile, ce tire-au-flanc silencieux et vorace.

J'aurais fini par croire que Piccolo avait dû se dire, une fois pour toutes, que dans ces querelles d'hommes il valait mieux la fermer et en faire le moins possible pour se laisser tolérer et durer. Nous aurions pu le croire indifférent. La seule activité sérieuse qu'il se donnait, pour se dégourdir, était de descendre avec le mulet du ravitaillement à Valdeblore. Pour être équitable, je dirais que Piccolo avait d'autres raisons moins terre à terre pour justifier sa promenade.

Valdeblore était pour lui le village où il était né, où il avait vécu. Quand il traversait l'agglomération évacuée par ses habitants, il ne manquait jamais de faire sa visite à une maisonnette quasi neuve qui se découvrait isolée vers la route reliant, par un col proche, les vallées de la Tinée et de la Vésubie.

Il sautait lestement la murette entourant la coquette demeure. Il faisait son tour de jardin le museau près du sol cherchant une présence ; puis, invariablement, pissotait consciencieusement contre le même arbre complaisant. Alors sur le seuil de la porte, il jappait un moment la tête levée vers une fenêtre : histoire de voir si ses patrons étaient revenus. Des fois que la guerre fut terminée !

Tristement, il repassait la murette et, son derrière sur l'herbe, il attendait la remontée de la mule et du muletier. Il fallait être Piccolo pour être aussi fidèle !

Il est vrai que son recrutement-adoption était de fraîche date : deux semaines à peine.

Avant, quand nous tenions nos quartiers à Valdeblore, on le voyait gambader autour de sa maîtresse. Celle-ci éclipsait alors sa personnalité, à première vue, peu singulière. Sa maîtresse ? Mais c'était la demoiselle que nous regrettions le plus de Valdeblore... Et pourtant elle était italienne, mais si joliette, si gracieuse, si gentiment confiante, la maîtresse de Piccolo ! Et sa douce voix chantante quand elle appelait : « Piccolo... Piccolino... vieni cui ! » Et le chien se roulait à ses pieds rien que de la voir et de l'entendre... Il est vrai qu'elle n'avait que six ans. Je peux affirmer, qu'à de rares exceptions près, nous l'avions tous tenue dans nos bras. jamais fille n'a été aussi cajolée que ce bouton de rose. Nous l'appelions « Bambola » (2), une Joconde en miniature ! Un ange du Bon Dieu ! sentant bon la gaîté, la fraîcheur, l'innocence.

Elle séjournait à Valdeblore avec son grand-père tout blanc, comme du bon pain, un bon italien, un brave homme.

Bien sûr, le grand-père, nous l'appelions « Mussolini » pour nous amuser, mais nous ne lui en voulions pas, à lui qui nous disait avec des larmes dans les yeux :

« Ma cété guère... je né vé pas y croire... Per la Madona ! Francia ? Italia ?... Ma è impossibilé ! »

---

(2) Poupée.

Ah non, nous ne pouvions pas lui en vouloir, surtout qu'il était le bon grand-père de Bambola !

Ce vieux rude travailleur des carrières était l'homme le plus simple du monde. Sa grande passion était Bambola, comme il se devait. Bambola ! Bambola ! Elle était sa vie, à ce géant. C'était formidable de le voir manier sa petite fille, la câliner délicatement avec ses gros doigts à barre à mine et à pioche. Et quand elle n'était pas avec lui, il en parlait comme un trésor vivant. Combien de fois ne nous a-t-il pas conté comme un jour il lui apporta, dans sa veste d'ouvrier, le chiot, qu'il avait retiré de dessous le ventre de sa bagasse de mère, pour faire une compagnie à la fillette.

Bambola s'était extasiée, ses deux menottes jointes sur sa joue : « O il gentile ! Comme é piccolo... piccolino... Vieni cui, Piccolo mio ! »[3].

Elle s'était agenouillée sur l'herbe et, sur sa petite jupe tendue, elle l'avait déposé, puis dorloté... Et il fallait voir le grand-père mimer cette rencontre.

... Le jour de l'évacuation de Valdeblore, nous étions déjà sur les positions. À ce qu'il fut dit, Piccolo n'était pas là au moment du démarrage des camions amenant les civils, parmi lesquels était le grand-père et Bambola. Malgré les pleurs de la fillette, le signal du départ fut donné sans lui...

... C'est ainsi qu'il nous resta et voilà pourquoi aussi nous avions pris l'habitude de taper sur l'échine de Piccolo quand nous venions nous reposer dans la baraque aux relèves du jour - vu que la nuit, hormis le cuistot et ceux qui avaient patrouillé, tout l'effectif était en ligne.

---

(3)« Oh ! le gentil ! Comme il est petit... tout petit... Viens ici, mon Piccolo ! ».

Toutefois, nous aurions ri au nez de celui qui eût prophétisé que Piccolo devait faire quelque chose dans cette guerre.

Et pourtant, ce 19 juin 1940 ne devait pas se terminer sans que Piccolo ne nous donnât la plus éclatante surprise qui fût. Dès l'aube, nos forts de Rimplas et des Granges de la Brasque, dans les mélèzes, donnèrent du canon, en échange des coups de mortier ennemis et de ses actions contre nos postes avancés, notamment ceux tenus par nos camarades à l'étoile noire du groupement aux lieux-dits des Balme della Frema et du Rajah. Rien de sérieux et je revins de la crête pour aller m'étendre, avec mes godillots alourdis de boue entre les couvertures et les gilets en peaux de bique. Le cuistot remuait le jus frais d'une main et de l'autre il frottait inlassablement ses yeux larmoyants.

Piccolo était toujours là, les yeux clos, la tête reposant sur ses pattes de devant, le dos offert passivement aux claques amicales de tous, comme un porte-chance qu'il suffisait de toucher pour voir remuer automatiquement la queue. Même que je me suis dit, avec une pointe de tendresse toute militaire, moi qui étais courbatu, hirsute, ivre de sommeil : « il engraisse ce cochon-là ! » je l'ai bien regrettée cette pensée, bien sûr ! Je ne devais pas être longtemps à m'en repentir !

Alors, dans des remugles de vieux bouc enfumé et de cuisine en gros, je grimpais sur le bat-flanc dans un trou d'ombre disponible.

Le soir nous avions repris nos postes sur la ligne.

Comme toujours, il ne se passera rien ! qu'on se disait. Mais, comme d'habitude aussi on écarquillait les yeux et nos oreilles étaient à l'écoute : des fois que ceux d'en face voudraient nous jouer un sale tour !

… Il crachinait. La rivière coulait sa musique monotone dans le ravin. Le vent sifflait dans le bois s'arrêtant devant nous et descendant vers la frontière.

À ce qui nous fut répété, Piccolo, dans sa baraque, dormait comme un juste. Le cuistot larmoyait tout son saoul. Rien ne pouvait donc être plus normal.

Soudain, Piccolo ouvrit un œil, puis les deux. Il leva la tête. Ses oreilles essayaient de pointer, mais pour le chien bâtard c'était plutôt durillon. Devant ces manifestations nocturnes inusitées, le popotier resta bouche bée : de quoi absorber toute l'âcre fumée de la cabane.

- Qu'est-ce qu'il y a Piccolo ?

Mais Piccolo n'était pas à la conversation ? Il devenait plus étrange encore. C'était inquiétant.

Sous le regard ahuri du cuistot, Piccolo remua sa graisse, sa bonne graisse de tire-au-flanc, puis, il se mit à grogner sourdement. Pourtant, ce vieux grognard la connaissait la consigne : « Pas de bruit ».

En un instant, il se dressa sur ses quatre pattes raidies, en arrêt. La queue horizontale, le cou tendu en avant, agressif, il s'immobilisa devant la porte ouverte remplie de noir. Le cuistot, qui n'était pas un blagueur, assurait qu'à cet instant, Piccolo, le bâtard, était magnifique ; il disait même qu'il lui avait semblé que les oreilles de Piccolo étaient droites comme celles d'un chien de race. S'il ne l'affirmait pas, c'est qu'à cet instant la fumée lui faisait mal aux yeux. Quand il les rouvrit, Piccolo n'était plus là : il avait sauté dans la nuit…

… Qui aurait pu prétendre que ce fut Piccolo cette forme plus noire qui, venant de derrière nous, bondit dans le

« no man's land » ? Nous n'eûmes pas le temps d'épauler que des coups de feu claquèrent partis d'en face, dans le bois à contrebas, presque à distance d'assaut.

Pour faire réponse aux malappris, nous reprîmes le couplet à notre compte… Et « bing » et « boum ». … A-t-on idée de travailler la nuit quand les honnêtes gens veillent.

… Et « bing-boum »… et tacatacata… tacatacata… taca-tacata…

Ah ! quel chahut, bonne mère !

Où sont-ils fourrés ces grossiers personnages ? Tant pis ! ... et « Ping » et « pong » et « boum » dans la bouteille à encre.

Baste ! que nous pensions… Il n'y aura pas beaucoup de bobo de leur côté, encore moins du nôtre… la nuit seule aura été trouée, mais ça ne se verra pas.

Mais, pourquoi ces niguedouilles avaient-ils tiré ? On ne surprend pas des éclaireurs-skieurs. C'est pas pour donner une aubade sous notre balcon qu'ils sont venus… non. Alors ?

Les gars de la patrouille de jour, sautant de leur bat-flanc, étaient venus en renfort…

Mais, c'était fini ... Nous avons rigolé pour ça, surtout que nous voulions cacher que nous étions un peu émus... Dame ! nous étions encore un peu des marie-louises après dix jours de guerre en dentelle, mais ceux qui venaient de l'abri nous ont dit :

… « N'empêche que si c'était pas Piccolo, nous nous aurions eu chaud » et ils nous ont raconté ce que le cuistot avait vu.

Nous aurions eu bien du mal, en effet, à parer à une attaque à l'arme blanche par cette nuit sans lune, avec le bruit du vent et de la rivière. Sauf le cuistot, toute la section resta en alerte sur la crête pour terminer la nuit.

Le matin, en regagnant la baraque, nous apprîmes qu'il manquait un nom à l'appel c'était Piccolo... Il n'était pas revenu.

Le cuistot nous versa quand même notre jus gnolé. Il ne disait rien d'abord. Nous non plus : histoire de crâner. Mais, au fond, il y avait quelque chose qui nous faisait mal et puis on pensait aussi à Bambola.

- Peut-être il est descendu à Valdeblore, suggéra le cuistot, qui ne pouvait plus garder sa langue.
Il vit bien qu'il n'était pas cru : c'était pas une manière à Piccolo.

- S'il n'était que blessé ? On n'allait tout de même pas déranger des hommes pour un chien ?

... Mais nous avions bonne mine, debout, dans nos godasses crottées et nos peaux de bique fumantes, près du feu, à faire semblant de déguster notre café.

Le chef de section nous regardait curieusement. Il ne parla pas de Piccolo, le chien des rues, mais commanda une patrouille, pour voir si les types au fascio n'avaient pas laissé des souvenirs en tirant leurs grègues. Nous avions compris.

Étant tous tacitement volontaires, nous fûmes désignés. Ceux qui restèrent ne dirent rien, parce que l'usage n'est pas de rouspéter quand on esquive une corvée... Mais, ils n'étaient pas contents, les copains.

Nous étions quatre à passer la crête, dont un avec un F.M. Le cuistot vint à la porte pour nous regarder partir en file indienne. Il manquait quelque chose à sa vie, à ce gars-là, plus qu'à nous.

D'abord, nous ne vîmes rien sur la pente que des traces de pas.

Soudain, bon dieu, j'aperçus une tâche claire, immobile sur l'herbe verte. Je m'approchai un peu plus, puis je m'arrêtai, je ne pouvais plus remuer… je distinguai, alors, la pièce jaune sur la culotte sale de Piccolo : il était mort, avec du rouge près de la tête.

C'était un bon et brave chien, le chien Bambola.

BACHIGALOUPO

MA BOHÈME

... « Mon unique culotte avait un large trou

Petit Poucet rêveur, j'égrenais dans ma course
Des rimes. Mon auberge était à la Grande Ourse

Mes étoiles au ciel avaient un doux frou-frou. »

Arthur RIMBAUD

Dans l'aura frissonnante des premières émotions, l'enfant, avant d'être poussé un peu plus dans la connaissance collective, détournant son premier regard impressionniste, ajoute à son livre d'heures à enluminures ses légendes naïves. Il fait du tout vécu et imaginé en transmutation, une réalité clairvoyante qui n'est guère partagée que par le poète et les grands amours feutrés. Il parcourt l'Éden à sensualité limpide. Il goûte à bouche que veux-tu à ses fruits non défendus. Les couleurs les plus délicates se ravivent à l'acuité de ses yeux. Il capte le bouquet des plus subtiles senteurs.

Ceux qui gardent une âme d'enfant protégé ont le pouvoir de reconnaître les beautés originelles de la Création et de participer à l'enchantement du petit de l'homme.

À mon souvenir remonte un des rares moments très précieux de mon enfance dans le cœur paisible du village des Mées entre DIGNE et FORCALQUIER. Il se signale aux voyageurs par le diadème de ses Pénitents s'éclairant à feu dans l'apothéose des couchants flamboyants. Leurs hautes et massives tours de coule grise, encapuchonnées par l'érosion se serrent - géants pétrifiés d'une ère apocalyptique - écrasant l'éminence qui les porte. À leurs pieds protecteurs se blottit le vieux bourg aux ruelles étroites et aux couverts de tuiles rougeâtres bousculés autour de leur clocher.

Nous abordions l'agglomération par le pont suspendu Mirabeau enjambant la Durance rocailleuse et bruissante à partir de la rive droite. Nous nous engagions sur la chaussée de la rue de la République. La voie s'encaisse entre deux majestueux rideaux de platanes séculaires, enfouissant dans leurs épais ombrages les habitations vieillottes et robustes.

Donnant sur la grand place notre collège enserrait entre ses hauts murs en pierre la spacieuse cour de récréation ceinte d'un alignement de jeunes platanes et ménageant sur une largeur le préau et les commodités.

Sur bâtiment à deux étages d'un seul tenant se rivait, en objet primordial pour les écoliers, la cloche ponctuant les heures programmées de nos jours, nous rameutant en ribambelles devant l'entrée que nous franchissions pour repeupler les locaux. Elle battait follement pour nos tumultueuses échappées ludiques.

Loin du cocon familial, mon miroir de vie était les yeux bleus d'un camarade plus petit que moi. Luigi existait en garçonnet à l'aimable frimousse souriante faisant oublier son sarrau d'uniforme. Sa réputation de meilleur élève de sa classe valorisait sa vive intelligence et son engouement pour l'étude. Son émotivité à fleur de peau le rendait vulnérable aux brusqueries d'aînés aventureux s'engageant dans le paroxysme de leur puberté. Il m'institua son protecteur avec un sentiment réciproque de tendresse transparente qui liait parfois sa main à la mienne. Il jouait avec les moins querelleurs d'entre nous et restait le camarade simple et joyeux qu'un rien effarouchait.

Sur les routes de nos promenades d'été précoce, nous allions par bandes soulevant sous nos pieds agiles des nuageons de poussière d'or sous le soleil. Sa retombée s'ajoutait à celle déposée en pellicule grise diaphane sur l'ivraie jaunie par le hâle des abords. Nous étions fortuitement en osmose idéale avec la nature qui s'ouvrait à nous à des instants où tout était perceptible. Dans un souffle de vent froufroutant dans les feuillages, nous jouions à la bataille sous la vigilance cyclopéenne des Pénitents.

Nous rompions nos mêlées pour nous repaître des fruits sauvages des buissons et des branches basses des arbres. Sans opposition, nous rivalisions pour cette manne avec les abeilles, les guêpes, les fourmis, les bourdons épais, les coccinelles, les frelons et les hannetons. Nous dérobions prestement les fruits minuscules des buissons ardents, des groseilliers voisinant avec les cassis aux baies brunes et les mûres maquillant nos lèvres à brun.

Bien qu'en deux ou trois pas je n'eus qu'à tendre la main pour ma cueillette, Luigi, par besoin de partage, m'offrait de la sienne en témoignage d'allégeance. Je me gardais de le décevoir. Nous accrochions parfois peau et vêtement aux buissons griffus et aux arêtes vives des pierres du chemin.

Dans les parages, vaguait un homme, poète rustique sans feu ni lieu émigré du Luberon. Il ne se révélait qu'au monde des enfants et nous étions disposés à croire qu'il pouvait survivre de l'air du temps et de l'eau fraîche des sources argentines.

Sous le soleil blondissant notre univers circonscrit dans l'espace et dans le temps, il portait ses pas au hasard. Cet humain aux yeux clairs n'avait plus d'âge. Tout comme le corps et les bras résistants des ceps de nos vignes, il était sec et noueux. Sa chevelure et sa barbe grises incultes étaient en broussaille sous le parasol d'un feutre avachi à large bord. Les minots l'avaient baptisé Bachigaloupo.

Nous chinâmes de prime abord sa longue lévite délavée, défroque de rebut rapiécée grossièrement par endroits de retailles aux couleurs vives. Luigi ne fit pas chorus. Bachigaloupo le fascinait en apparition. Surprenant cette intense attention, le vagabond imposa un instant sa main pastorale sur la tête de mon camarade de prédilection. Notre amusement tourna court quand les plus motivés d'entre nous s'installèrent devant lui. Nous nous fîmes encore rieurs quand il nous demanda par avance le salaire de son conte. Ce fut par le fait du premier qui crut divertissant de lui tendre un bonbon. Bachigaloupo serein accepta l'objet qu'il fourra dans une des grandes poches déformées de son surtout. Un autre gamin se prêtant au jeu parvint à extraire d'une poche gonflée, un quignon de pain en partie dévoré. Un autre se sépara d'une image sainte froissée. Le suivant qui n'avait rien, posa dans la paume du quêteur un petit caillou rond. Chacun fournit le plus inattendu des écots qui s'enfouillit de la même manière. Nous n'étions pas à même d'appréhender le sens de cette sollicitation cabalistique. Pour nous, elle entrait dans un contexte global de fantaisie sans la moindre spéculation. Le primordial pour Bachigaloupo ne se contenait pas dans les dons dérisoires qu'il empochait, mais dans le fait qu'ils passèrent par les mains lisses des enfants lui livrant un peu de leur fluide de jouvence. Savait-il lire? Savait-il écrire? Cela nous importait guère. Sa connaissance libre des choses de la nature était pour nous sans limite. Il ne les couronnait d'aucun nom savant, mais en parole directe et claire, il leur insufflait pour nous des cœurs de vie.

Nous étions les seuls auditeurs-acteurs du grand théâtre de notre vaste décor de liesse. Nous lui devions d'être enrichis dès notre présent d'éléments vivaces ressouveneurs. Par lui, qui n'avait pas attendu la fin de sa collecte vaine, nous prîmes conscience des pulsations profondes de la terre et saupoudrions l'esprit, par sa magie, du plus petit au plus grand, de la feuille au rameau et à l'arbre, du caillou au rocher, auxquels il attribuait un cœur bullant dans leur protection minérale et, par touches picturales rapides de la fleur la plus humble à la plus resplendissante, du fruit minuscule au plus pulpeux, de l'eau vive des rus légers courant entre herbes et fleurettes à la rivière se coulant à petits cours dans son spacieux lit bâti à pierres roulées et à langues de sable. Par lui, nous identifions tous les bruits du remuement le plus proche à l'onde de rumeur sourde se mouvant par la campagne.

Le regard près du sol, nous vîmes avec notre maître la fourmi laborieuse dans une caravane venant dans une longue colonne et transportant en fardeau monstrueux matériaux et vivres et allant pour les quérir en double procession dans une jungle et des grottes à sa mesure. Nous levions les yeux au ciel pour singulariser les oiseaux traversant l'espace en écharpes souples fondant à terre en reposées choisies. Ce qui pour nous était discipline, pour les vivants non humains était ordonnance en langages et signaux hermétiques.

Le monologue de Bachigaloupo s'émaillait de mots en provençal dont la signification se révélait par l'évidence de l'image et du geste. Par le souffleur de la saga, nous étions investis du privilège de peupler en êtres initiés un univers en perpétuelle création et dissolution actives, échappant à l'entendement de l'adulte du commun possédé, à sens étroits, par ses nécessités de survivant quotidien. Dans son intégrité, l'enfant a, contenues en lui, des presciences du surnaturel et de la présence de l'invisible dégradées par les inévitables altérations incessantes apportées par notre condition humaine.

Quand Bachigaloupo reprenait sa marche sans borne, un moment suspendue à notre halte, nous allions dans le grésillement universel des insectes sous le soleil franc se réverbérant sur les pierres brûlantes, les toits et la moins proche Durance aux maigres eaux se faufilant en méandres paresseux dans son grand lit plat et blanc.

L'air vibrant expirait une haleine stimulante de lavande, de serpolet et de romarin. Nous faisions s'écarter en courtes volées prudentes les oiseaux pépiant, picorant parfois sur des chardons bleus hérissés par endroits dans les friches. Notre promiscuité fortuite et bruyante suspendait les stridulations des cigales nichées dans les frondaisons. Notre tribu païenne portait la poussière de l'été de la tête aux pieds avec nos écorchures en décorations. Nous ramenions, entre autres, de la somptueuse balade, en trésor éclectique des galets plats, des hannetons en esclavage et des baguenaudes. Ces gousses gonflées d'air perturbaient à souhait la classe, le dortoir, la chapelle quand nous les écrasions sous cape entre pouce et index.

À la porte de notre établissement, nous étions roués de bonne fatigue la chemise collée à la peau, enivrés de soleil pour une demie semaine de classe. La chapelle exsudant l'encens, la bougie, la cire de bois et les senteurs des petits hommes nous accueillait à vêpres venues. Au soir de ces heures fastes, étant dans la posture rituelle du suppliant, nous étions exhortés à remettre nos joies et nos peines entre les mains de Dieu. Nous étions quelques-uns à mêler l'ensoleillement aux patenôtres mâchouillées que la prière répétitive rythmait et que seule la foi rendait intelligible. Sans contrition, nous superposions le reflet de Bachigaloupo sur la silhouette neutre de l'officiant.

La figure de notre poète s'éloigna dans le brouhaha de la distribution des prix sous lesquels Luigi, le garçon aux lauriers, reçut un bon poids en livres. Et ce fut l'emballement de la préparation de notre migration estivale.

Les grandes vacances rapprochèrent un peu plus ma conscience de la face publique d'une société grégaire et sans ordre. Dans le brouillard de mon inexpérience, j'eus la première notion de l'unité humaine visualisée subrepticement par l'homme et la femme joints ; que la recherche de cette unité comprend son lot de tromperies, d'erreurs, d'antagonismes occultant les harmonies discrètes.

J'eus ma part de paradis. Une cousine et moi, qui partageâmes quelque temps les mêmes jeux de gamins, ébauchâmes une idylle à bécots gentillets sur des douces joues rosissantes et à lèvres frôlées accompagnés de petites découvertes pudiques et ravissantes.

Sans nous en rendre bien compte, jusqu'aux derniers jours déclinants, le temps avait filé sous nos pas et je revêtis, pour la rentrée, mon premier pantalon. J'avais croisé un cap au large de mon existence. À mon retour aux Mées, j'accusai un déchirement plus marqué pour cause de séparation d'avec mon amiette.

Sous le ciel automnal, les platanes de la rue de la République se dépouillaient de leur parure de feuilles chutant sous un petit vent aigrelet, les faisant tressauter sur la chaussée et les trottoirs et rouissant dans les caniveaux engorgés. Une légère odeur d'humus se dégageait dans une atmosphère confinée de sous-bois. Les arbres de notre bahut avaient leur jonchée de feuilles que les vents avaient essaimées par la cour.

La cloche résonna en branle comme devant. Mes retrouvailles avec Luigi atténuèrent mon chagrin d'amoureux à son premier pas. Mon petit compagnon n'était plus aussi poupard et j'avais grandi. Le court temps de nos émerveillements d'enfants s'était un peu terni et la pudeur révélée s'entremettait entre nous.

La vie laborieuse à poêle rougi et sous éclairage reprit sur un nouveau registre. Les livres neufs fleurant l'encre d'imprimerie et d'autres illustrations, nous imposant une nouvelle avancée dans la connaissance formelle, emportaient un peu plus de notre candeur.

Luigi sensitif ne se distrayait pas encore des prémices fabuleuses du proche été, qui se comprenait pour moi en prélude d'amourette. Un jour qu'il pleuvinait à ciel bouché, mon compagnon glissa sa main dans la mienne, comme naguère. Il m'entraîna devant un surveillant natif du pays et sollicita des nouvelles de Bachigaloupo. L'adulte compréhensif en donna à sa manière. Le génial vagabond solitaire, son grand feutre bloqué sur la tête, s'était assoupi derrière le plus haut des Pénitents. Le soleil plombant, les courants d'air galopant en carrousel dans les espaces libres de l'étoile des vents, les surprenants orages grondants de l'été, la nuit et le jour ne l'avaient pas réveillé. Luigi, sur un nuage dérivant, voulut croire encore que l'endormi s'attardait à rêver aux contes qu'il nous ferait. Luigi s'immobilisait toujours avec moi en soutien devant l'homme. Celui-ci, un peu agacé, trancha. Bachigaloupo ne se réveillerait plus. Le messager du malheur nous tourna le dos avec un léger haussement d'épaules désinvolte. Luigi, quittant ma main, le visage ruisselant de larmes, le poursuivit un instant du regard. L'homme, s'éloignant à son pas, montrait toute l'indifférence du monde. Prenant Luigi par le bras, je le ramenai sur terre parmi ses camarades.

Le déroulement gris, à pluie, à vent et à soleil blanc de l'automne, préparant la longue gestation hivernale recouvrit dans le silence Bachigaloupo qui avait franchi le pas en errant qu'il fut.

Ainsi que le Phénix renaissant de ses cendres, la nature secouant son endormissement se parera à neuf pour le prochain printemps.

Aux récréations, nous amassions au râteau et à la fourche les feuilles mortes dans lesquelles nous jetions des boutefeux. Farfadets exultants de la flamme sacrée crépitante, nous franchissions les feux de joie d'un bond intrépide à grands cris, survolant dans un apparent insouci une courte passée infusée à jamais dans chacun de nous.

Cependant que j'entrais dans le cercle des grands, je voyais Luigi jouer et rire parmi ses semblables en culotte de jeunets.

*

***

OASIS

Mon front est brûlant comme les sables du Désert,
ma gorge est sèche comme son infini sans eau.
Ta vision est cette oasis merveilleuse et tranquille ;
ton regard de velours a le miroitement prometteur de ses sources
tes lèvres leur fraîcheur voluptueuse que le voyageur des
solitudes goûte de ses lèvres desséchées.

Oh ! Déesse du cœur demeure silencieuse, soit souple
à mon désir.

Demain, quand l'aube dévoilera les dunes, je reprendrai
la piste monotone et ardente des caravanes et te laissant
dans ton lit de verdure, je resterai aveugle aux bienfaits
que tu prodigueras aux nomades inconnus et ne penserai à
ta pulpeuse chair que pour l'enfermer dans la toute
puissance de mon cœur.

TARDOT,

LE PIRATE ROUGE

Des hommes écrivent une page d'histoire escamotée pour éviter de soulever davantage l'hydre d'une partie de l'opinion publique envoûtée par des miroirs déformants du manège de politiques versatiles et orientables. Elles ciblèrent cruellement ceux à qui fut assignée une mission que des bouleversements mondiaux tancèrent aveuglément d'odieuse a posteriori.

Je veux rendre un modeste hommage à ceux qui, généreusement, firent d'autres Camerone et d'autres Bazeilles en pays lointains.

Je personnalise tous les hommes qui se sacrifièrent et les femmes et filles tombées, en un seul qui me fut proche et dont la représentation est exemplaire.

Son épitaphe se résume en un mot « disparu ».

Nous formions un trio indissociable de frères d'armes qui arpentait les pistes de la Moyenne Région par les calcaires, les monts ballonnés, les laies de la jungle et les forêts ombreuses du Tonkin. Nous étions trois des sept cadres français de la 2ème compagnie du 3ème Tonkinois, en position à Dong Mô, agglomération sise entre Hanoï et Lang Son. Bien que je ne puisse les citer, les quatre autres camarades étaient aussi solidaires de nous que nous l'étions d'eux. Il en était de même des cadres et tirailleurs tonkinois originaires du delta du Song Koï. Conquérants nés, ils s'avéraient être des combattants résolus, résistants et disciplinés à qui il nous était imparti de donner l'exemple.

Sous la pression de la force, l'accord Darlan-Sato de juillet 41 ouvrit les frontières de l'Indochine aux armées de l'Empire du Soleil Levant. Dès lors, les alliés interdirent tous les transports métropolitains à destination de nos ports. Il était fatal que le corps expéditionnaire français dépérit de maladie et de mort, faute de renforts depuis quatre ans, sans plus de rescousse.

Depuis cette occupation, le Nippon est parmi nous, épie nos mouvements cependant que d'autres menaces se lèvent. Nous nous attachons à l'espoir d'un débarquement allié sur nos côtes qui nous permettrait de harceler les arrières ennemis. En défi aux périls, nous charmions les pistes, les vallées profondes, les crêtes venteuses et l'orée des forêts denses, de nos refrains nous reliant au pays de la paisible douceur de vivre et des filles alertes et lumineuses, en nous livrant mentalement à leur bon cœur.

Edgar Pignolet s'intègre à notre équipage. En terme de sa Réunion natale et de son bout de terroir, la Pointe des Galets, nous le surnommions « l'habitant ». Personne ne peut être plus blanc que lui, ni plus frisé à boucles châtain clair. Il respire l'optimisme, la joie de vivre qu'il manifeste volontiers par un rire communicatif par cascades hautes et claires. Notre communauté lui décerne sans contestation le label de playboy. Il n'a nul besoin de courir la gueuse. Attirant femmes et filles du cru comme le miel les mouches et les lampes nues les éphémères, il lui suffit de donner du museau pour disposer des partenaires les plus accortes et les moins malpropres à le gainer dans un gousset fadé de microbes ou de bactéries pernicieuses.

Il prit sa retraite à Marseille où il fonda une famille avec Berthe, sa femme - aussi avenante que belle - une famille à sa semblance. De la dette conjugale amoureusement consommée, le foyer s'enrichit d'enfants de toute beauté. Edgar, sur un terrain favorable, communiqua son inaltérable optimisme aux siens malgré la traversée de ses guerres…

À la nuit tombée du 24 décembre 44, la compagnie s'engage dans une reconnaissance à l'est de Dong Mô. Nous passons un gué du Song Cau dont l'eau nous glace sur pieds jusqu'aux mollets et nous pataugeons dans nos godillots. Nous allons nous enfonçant dans une vallée où il n'y a ni ciel ni terre. Tout se dissimule dans un magma cotonneux gorgé d'eau nous privant de vision à plus de deux pas. Le contact précaire se maintient avec le devancier par le reflet blanchâtre d'un mouchoir placardé sur lui en dossard. De part et d'autre du sentier gluant, la brume épaisse encaisse les brèches abruptes de la profonde cavée et voile le flanc du mont audessus de nous. Le tapement assourdi du pas des hommes se confond à l'halètement ample et sourd de la Création. La transpiration froide colle la chemise à la peau et la bruine du brouillard, chargé et spongieux alourdit la tenue de drap et la feutre. Ce qui ruisselle sur le visage et le cou même se mêle à la sudation abondante et au larmoiement de la brumaille.

L'adjudant Einrik, l'homme de tête, ouvre la route en brandissant une torche de résine. Son fanal, à quelques pas en deçà, ne se distingue plus qu'en lumignon baignant dans un faible halo diffus à éclipses au gré de la sinuosité du cheminement. Les ténèbres nous transpercent, nous pénètrent. Nous sommes de ces ténèbres. J'ai le sentiment trouble que nous serions pétrifiés sur place si notre marche était suspendue.

Le falot de tête témoigne de la présence de Dieu dans ces catacombes nocturnes sans étoiles et, le signal du compagnon qui nous précède, oscille au pas des hommes.

Après des heures de progression machinale, au même pas aveugle, le jour subtropical se lève sans la quiète transition de l'aurore. Il nous rend à la terre grasse et à nous-mêmes qui lui appartenons.

Le Capitaine Perrin monte son cheval bai brun derrière la section de tête. À l'approche de l'objectif, il oriente la colonne sur une aire peu pentue à mi-chemin du sommet ballonné. Les rangs sont rompus pour la pause casse-croûte, la rectification des tenues et l'allégement des souliers de la lourde semelle de boue.

L'avance reprend vers la crête balayée par l'aigre vent du nord-est de la mousson d'hiver. Il glacifie l'éponge de nos vêtements et la poix du visage et des mains. Les sections se déploient en bataille pour coiffer le village bâti sur pilotis, but de l'opération à la fois dissuasive et rassurante…

En ce 24 décembre, l'Indo plonge toujours un peu plus dans un bouillon de culture politico-militaire hypothéquant dangereusement nos lendemains. La fédération indochinoise, toutes amarres rompues roule et tangue entre les récifs. L'amiral Jean Decoux maintient encore l'essentiel de notre souveraineté, préservant ainsi d'un holocauste inéluctable des dizaines de milliers de vies. Cependant, l'hostilité affichée des Français n'incite pas l'ennemi à temporiser jusqu'à un point de non retour.

Sur le chemin nous ramenant à nos cantonnements, exorcisant toujours les menaces du temps, Français et Indochinois alternent en émulation leurs chants contrastant par leur tonalité avec l'apparente dormance d'alentour. Les brouillards des fonds se dissipent en haillons vaporeux et le ciel accroche de gros nuages gris.

Un vrombissement d'avions empruntant la large et verdoyante vallée du Song Cau et venant de Lang Son s'amplifie alors que nous atteignons le Col du Deo Phang. De cet observatoire, nous redécouvrons Dong Mô en partie adossé à ses rugueux calcaires. Nous nous immobilisons debout car dans l'instant les Tigres Volants bombardent en vain un pont Eiffel, mais le chauffeur d'un rouleau compresseur à l'œuvre est mitraillé et tué.

Des giclées de mitraille ratissent les flancs de la chaîne basse des monts à forêt dense où nous sommes. Il s'y camoufle des troupes japonaises en transit sorties de Chine où les guérilleros les étrillèrent et que l'aviation pourchassa. Leur présence dans nos couverts est signalée en permanence par nos radios de brousse et les Viets.

Il est vain de dire que nous sommes fort aise d'être dans nos cantonnements pour la veillée de Noël. Les sentinelles postées aux points d'accès du village, les cadres français effectuent une tournée de camaraderie parmi les sous-officiers et tirailleurs tonkinois sacrifiant en bivouac deux cochons gras. On goûte le riz dans de grandes marmites et le verre de chum (1) qui nous est tendu gratifie notre visite. Nous nous attardons chacun auprès des hommes placés directement sous nos ordres avant de nous réunir dans une salle basse avec le capitaine et le tri chau (2) dans une atmosphère de franche convivialité.

---

(1) alcool de riz.
(2) notable indochinois.

Aucun arbre de noël ne brille et le menu est d'un ordinaire à peine corsé. Ni plainte, ni complainte n'amollit notre cercle. Les chansons à peine gaillardes rappellent la femme capiteuse ou la fille de notre égrégore. Le village où les toits enneigés forment des dômes blancs. Les prestations d'Edgar et de Marcel, chantant en solo sont applaudies comme elles le méritent. Bien qu'avançant ne fredonner juste qu'en chorale, on me presse avec jubilation d'apporter ma contribution particulière. Tant pis pour eux, tant pis pour moi ! Mes premiers désaccords escomptés provoquent un regain de gaieté. Marcel, à son habitude, s'égaye à lèvres pincées. Ils se « bidonnent » les bougres ! Mais Marcel et Edgar abrègent mon supplice en joignant leur voix à la pauvre mienne défaillante.

À la même heure des avions alliés en grand nombre, toujours sans la moindre opposition zigzaguent dans le ciel dans un triomphal carrousel endiablé préludant aux fêtes de la Nativité. Ils vont se goinfrer et lamper à Kun Ming ! Bah ! Leur festival ajoute à notre sobre, mais chaleureuse fête et à* nos petites espérances…

Avec leur colossale puissance, les U.S.A. ont refait tout le chemin perdu en 41-42 et au-delà, au prix de grosses pertes et de beaucoup de sang…

Dong Mô, à la limite de la Moyenne Région et du delta du Fleuve Rouge proche, est un village stratégique entre Hanoï et Lang Son. Par un pont de pierre, jeté au-dessus du Song Cau, il se situe, d'une part, à la jonction de la route coloniale n° 1 et la voie du chemin de fer. Parties de Saigon, elles remontent jusqu'à Lang Son et au-delà par la R.C. n° 4 et le rail qui, en temps de paix, se prolonge jusqu'en Chine méridionale après avoir suivi sur un grand parcours la frontière.

D'autre part, vers le nord-ouest, se déroule une piste, à peine carrossable, s'insinuant en lacets dans des gorges forestières étroites dominées par de hauts calcaires massifs. Elle dessert entre autres les austères bourgs de Pho Binh Gia et de Van Mit. L'histoire du Tonkin ne peut se dire sans cette voie favorable aux embuscades, ménageant des sanctuaires idéaux pour les rebelles, les réprouvés et les bandits avec une prédilection pour les grottes de Diem Her, labyrinthe de cavernes profondes. Cependant que cette voie se prolonge, hors notre secteur dans la Haute Région, une bretelle serpente à flanc de montagnes pour aboutir au poste de Dong Dang. Sur son belvédère, il surveille, au-delà de la R.C. 4 et par-dessus le Song Ming Kiang, la frontière chinoise où apparaît une route encaissée entre deux falaises. Elle file vers Ping Sinag, Ning Minh, Na King et l'importante base alliée de Kun Ming. La voie aboutissant à Dong Mô s'évoque sous le vocable de « piste des pirates ». Cette appellation est l'héritage de nos anciens de l'infanterie de marine débusquant entre 1883-1885, les Pavillons Noirs, irréguliers chinois qui, par eau et par terre, hantèrent les parages. Sa réputation était toujours justifiée.

Dong Mô se circonscrit dans un vaste quadrilatère quelconque et se distribue en courées. Il réserve en son centre une grande place ocre disproportionnée en terre battue. Il s'y érige le long casernement des Indochinois bâti pour l'essentiel en bambou et couvert de tuiles du même matériau. Sur l'autre rive du Song Cau, notre prétendue D.C.A. se montre ostensiblement à ciel ouvert sur un mamelon pelé à l'orée d'une forêt épaisse. Sa modeste constitution étique se limite à un groupe de combat et à un fusil mitrailleur. Sa seule mission est de tirer sur l'aviation alliée si elle s'en prenait au village où, sur un grand mât, flottent nos couleurs. Pauvres de nous, s'il prenait fantaisie aux Tigres Volants de canarder

Dong Mô ! Nous serions les victimes expiatoires de nos futilités politiques.

Tout serait perdu, même l'honneur.

Dong Mô est un microcosme sans médecin, sans gens d'église, sans femme en blanc, sans plus un chat, sans plus un chien au creux d'une famine décimant la population.

Je tourne des pages, je saute des chapitres…
De moi, je n'ai pas l'impudence d'en confier plus que nécessaire. Le Moi mis en plastron est fait d'ombres douteuses et de lumières trop vives. Je me situe par rapport à l'événement : je suis un témoin engagé. J'y reviendrai.

Marcel Tardot est l'autre homme de notre triumvirat. De carrure athlétique, sanglé dans la tenue réglementaire, il se signale par une chevelure d'un roux flamboyant. Dès l'abord, il se singularise encore par l'absence de patine citadine et de cal du paysan. Sa personnalité se vêt de l'uniforme. Bien qu'anti-nippon sans réserve, il possède la force et la lucidité de l'homme d'action sans haine déboussolante.

Marcel fut garçon-livreur d'une grande boulangerie-pâtisserie de la proche banlieue parisienne. C'est ainsi qu'en jeune sans appui il entra dans le monde du travail.

La France s'enorgueillissait alors de son Empire sans autres connaissances que celles des programmes d'école. L'outre-mer avec ses couleurs exotiques nous rendait plus réceptifs à la mémoire des jeunes que les fastidieux départements qu'il fallait apprendre par cœur. Cela incitait à l'évasion du quotidien peu enthousiasmant de la Métropole.

Marcel avait la vocation des armes et, l'âge venu, il s'engagea dans l'infanterie coloniale. Ce qui détermina son expatriation fut la prime de départ et la solde élevée qui lui permettent d'installer dans un certain confort son idole, sa mère, la seule femme qui compte dans sa vie. Nous aurions pu tancer Marcel de misogynie avant que de lui-même il souleva quelque peu le voile de son secret. Cet homme sans vanité ne saurait épouser la médiocrité, lui qui avait sa mère en exemple de choix. Fille-mère, elle osa élever son bâtard à la face de la société. Elle concentra en elle la force du couple affrontant sans vaine palabre les lourds préjugés de l'époque et la couardise goguenarde de faux mâles.

Elle développa en son fils, par le simple exemple, un courage sans éclat. Lâchant ses études dès son adolescence vigoureuse, il se constitue son pourvoyeur et son protecteur. Il ne parle ni patrie, ni devoir. Il lui suffit d'en appeler à la femme qui lui donna le jour pour posséder cela en héritage. Ainsi qu'elle, il va jusqu'au bout de son chemin. Pour ce couple mère-enfant, l'amour ne se partage pas, personne par « respect humain » n'ayant relevé le gant de l'ostracisme dont ils furent frappés. Marcel Tardot a contracté pour elle une substantielle délégation de solde cependant que lui-même vit le plus sobrement possible. Après l'avoir conjuré en vain de rester auprès d'elle, elle lui dit, des larmes plein les yeux, au moment de la séparation :

« Quand tu me reviendras, la maison aura ce qu'il faut à ta convenance ». Elle aussi compte ses sous pour lui...

La discipline ne fige pas Marcel qui l'accepte en homme libre qui a des devoirs. C'est peut-être à partir de mon frère d'armes que j'ai compris que la liberté n'est qu'une parole pour les masses, mais la vertu rare d'individualités accomplies. Marcel n'a pas d'état d'âme face à la conjoncture. Il est solidement présent. Les servitudes des grandes villes de garnison furent son passage obligatoire en purgatoire. En ces temps-là dont je parle - dans un cadre grandiose et austère et où chaque jour a le prix d'une vie - Marcel est l'homme prédestiné à la hauteur des complexes du temps. Homme d'une seule pièce, il va droit son chemin. Marcel - bénéficiant du prêt - franc - fait « Pot au feu » avec une femme indochinoise - sa co - et la traite sans effusion, très correctement, et elle, ne déborde pas du rôle assigné par l'usage banal de l'encongaillage.[1]

Edgar et moi sommes parfois invités à prendre le café chez lui. L'intérieur des plus rustiques est cloisonné de planches de bois et distribue un ameublement des plus sommaires. Au milieu de la pièce, la co a rassemblé quelques grosses pierres rondes roulées pour les laisses des maigres eaux du Song Cau. Un trépied en fonte chevauche le foyer. Le logis révèle un homme rude et passant qui ne se met pas en frais pour sa compagne pour qui il n'éprouve aucune passion attachante.

---

(1) mariage provisoire avec une congaï (femme du pays).

Sa Tonkinoise est une personne neutre dont aucun sourire n'éclaire la face. Elle se dévoue sans gaieté, sans tristesse et se porte, avec le temps, toute de noir vêtue. Son absence d'imagination et de sentiments excluent a priori fidélité délibérée et tromperie réfléchie.

Elle me reçoit par un murmure d'accueil insignifiant en me tendant, dans un quart en métal, un café tiède qu'un nuageon de fumée âcre a léché. Cependant que Marcel et moi dialoguons, incurieuse, elle se met au repassage du linge, ne s'entremettant que pour poser un fer sur le foyer. Elle existe et sert un mari temporaire. Cet être effacé est un meuble singulier sur lequel le regard glisse. Quand rien ne le transporte, l'Asiatique se dissimule souvent volontiers derrière un masque hermétique…

La compagnie entreprend en novembre l'implantation d'un espace fortifié sur le calcaire nord qui domine l'agglomération de sa paroi verticale sans aspérité. De ce lieu, nous avons des vues idéales, d'une part sur la route coloniale n° 1, la voie ferrée et son pont Eiffel, d'autre part sur la « Piste des pirates ». Sur cette face ouest roide, le flanc est un éboulis de cailloutis sur lequel ni le pied ni la main ne tiennent. Il suffit de tenir sous le feu le sentier qui s'y trace pour rendre la place inexpugnable. La face nord, donnant sur une vaste doline, se déchiquette sur une forte déclivité. Son ascension en est pour le moins risquée et ne se prête à aucun assaut.

Le nouvel an 45 ne se marque par aucun échange incongru de vœux. Les premiers jours se ponctuent par un bombardement aux limites de l'agglomération soufflant à mort un homme mal abrité, et des mitraillages de routine auxquels s'ajoutent deux alertes aux Japs jaugeant notre résistance morale. Les patrouilles et reconnaissances qui se font rares me paraissent montées pour donner le change à l'ennemi. En revanche, l'activité primordiale se focalise sur l'installation défensive du haut.

Bien que tous les éléments se coalisent contre nous, nous avons le front de ne pas désespérer alors même que nous appréhendons une humiliante fin de guerre sans notre participation. Nous conjecturons légèrement que l'agitation intérieure, si vive qu'elle soit, retombera avec la fin du conflit mondial. Dans l'immédiat à infléchir le cours de notre destin, nous vivons avec intensité de notre solide esprit d'équipe. Face aux fanatismes montants et aux tendances politiques renversantes, ignorés encore par le plus grand nombre, les Français militaires et civils opposent par avance leur solidarité et le stoïcisme. Les colons, s'oubliant, se confondent à nous.

Le 6 mars, le Général Sabatier, commandant en chef au Tonkin, reçoit de bonne bouche l'information faisant état de l'éminence d'une attaque japonaise. Le territoire est placé discrètement en alerte.

Seul le commandant… et nos très instruits Indochinois connaissent la menace qui pèse sur nous et sans plus de précipitation, nous parachevons la position défensive sur le calcaire.

Le 8 mars se lève sur une journée figée sous le soleil. Les rares boutiques se cadenassent. La population valide déserte le village emportant ses biens les plus précieux dans de gros baluchons et des valises bourrées à bloc. Elle va se réfugier dans le cul-de-sac d'une vallée morte. La nuit tombe dans un silence plus épais.

Le 9 mars s'offre en toute clarté et, hormis un service de garnison minimum, la compagnie vaque sur la hauteur. Vers 10 heures, un homme de liaison venant du P.C. transmet à l'adjudant Einrick le message du capitaine : « Alerte. Tous à Dong Mô. Les cadres au rapport ».

Tout atteste qu'il ne s'agit plus d'une feinte de l'ennemi. Les tirailleurs ornent leur casque d'un camouflage qui traversera le temps. Ils sont allègres, presque exubérants. Leurs guerres interminées vont s'enclencher.

Nous, les linhtays, éprouvons un soulagement à penser que le jour du talochage s'est levé et que nous gommerons des années de pressions exacerbantes et de promiscuité aberrante. Tout vaut mieux, à notre sens, que l'immobilisme crispant. À Dieu vat !

Avant la nuit, le capitaine distribue les missions. La section de l'adjudant Einrick - dont je suis l'adjoint - reçoit l'ordre d'ouvrir le feu sur l'ennemi et de décrocher aussitôt sur le piton. Mon chef de section s'aposte avec deux groupes de combat à l'entrée du village dans la perspective du pont. Mon groupe se fixe au terminal de la bretelle courant au pied des calcaires N.N.W.

Le repas du soir se sert de très bonne heure pour notre section. Marcel et Edgar me font la surprise émouvante de partager fraternellement mon repas. Cette dernière communion se dispense en gestes quotidiens et en quelques mots de tous les jours. La cène terminée, la séparation reste aussi dépouillée.

- Bonne chance, dit Tardot.
- À plus tard, ajoute Edgar dans un léger sourire.
- À bientôt.

Ils rejoignent le piton.

La fortune des armes nous réservait à chacun un sort différent. Moi dans la rue que j'emprunte pour me mettre au milieu de mes hommes, seul résonne mon pas…

Dans cette même nuit, plus de trois cent cinquante forteresses volantes écrasent toute une partie de Tokyo sous les bombes brisantes et au phosphore faisant une hécatombe de plus de cent mille morts. Ce raid tragique souleva la fureur et le désespoir des faucons du Soleil Levant…

Dans nos parages, les Japs surprennent en bloc la compagnie de la Garde Indigène de Tanh Moï, à trois kilomètres de nous. L'épouse de son commandant doit à son âge et à son sexe de ne pas avoir les poignets liés. Saisissant une opportunité, elle prend le risque suicidaire d'informer Don Mô par fil. Le préposé de la poste remet le message et disparaît. Nous n'avions pas les moyens de répondre à l'appel à l'aide.

J'ignore quelle heure plombe quand un bruit de moteurs s'amplifiant monte de la route coloniale.

- Chef ! ils arrivent.

Roulant à pleins phares, six camions bâchés s'immobilisent à la tête de pont de l'autre rive du Song Cau et éteignent simultanément leurs feux. L'ennemi s'engage sur le tablier de l'ouvrage escomptant un deuxième succès aisé. Il croit surprendre. Quelques courtes rafales bien ajustées le dissuadent à mi-chemin. Il se plaque de part et d'autre contre les garde-fous et longeant ces appuis, il se rue à l'assaut. Les groupes d'Einrick se replient à la hâte et en ordre.

Aucune infiltration ennemie n'ayant été détectée sur la bretelle de Lang Son, je m'apprête à mon tour à décrocher quand un tirailleur se présente à moi.

- L'adjudant est en difficulté au village.

Enfin, ma mission prend un nouveau sens. J'ordonne de mettre baïonnette au canon, le fusil-mitrailleur après moi est armé. Mon informateur disparaît comme il est venu. À moins de cent mètres sur main gauche, une venelle donne vue sur la place. Excellente position pour faire diversion et battre en retraite ensuite. L'homme qui m'informa avait été retourné par l'ennemi, s'il ne fut déjà pro nippon.

Je suis ceinturé et désarmé. Je n'en continue pas moins à lancer l'ordre de repli à mes hommes. Ferraillant encore quelque peu pour me dégager, ils obtempèrent enfin, refluent et se perdent dans l'obscurité. Seul un tirailleur subit mon sort, après un simulacre de décapitation pour non coopération, je suis poussé les mains entravées vers l'ancien casernement des Indochinois. Enrageant d'être tombé dans l'embuscade et convaincu du mauvais sort qui m'attend, j'invoque mentalement Marcel chargé du mortier de 60 : « Tire Marcel, tire ! ». Mon message ne passe pas !... Seul le capitaine est maître du jeu.

Sur le piton, le capitaine se détermine à donner mission au sergent Marcel Tardot de se porter au plus près de l'ennemi et de rendre compte. Le sous-officier, revolver 92 chargé au ceinturon, se pourvoit de surcroît d'une musette de grenades défensives et il dévale vers l'inconnu. Quand il atteint le col étroit surélevé par rapport à Dong Mô, pétrifié, il s'immobilise. Il perçoit autour de lui dans l'opacité de la nuit des chuchotements. Il s'est engagé au milieu d'un parti ennemi qui actionne ses lampes d'équipement projetant chacune un mince faisceau lumineux balayant le terrain. La retraite de Marcel est virtuellement coupée, le jap ne pouvant manquer de le repérer. Il n'a comme alternative qu'à fracasser l'assaillant dans l'ombre et à profiter de la confusion pour tenter de rejoindre la compagnie en même temps qu'il fera connaître d'une manière tonnante aux siens où se situe le Jap. Il dégoupille une grenade défensive et la projette vigoureusement au jugé. Dans le même mouvement, il se plaque au sol derrière un rocher. L'explosion se répercute en échos entre les massifs jusqu'aux sommets. Elle soulève des cris de douleur, des ordres gutturaux et des coups de feu aveugles. Les conséquences de son premier jet peuvent peut-être permettre à Marcel de se dégager. Mais il profite de sa clandestinité pour porter un deuxième coup meurtrier à l'ennemi. Il se soulève à demi, un genou en terre. Il dégoupille un deuxième engin. Au moment de lancer, une des balles perdues miaulant encore flagelle son dos d'une blessure en séton. Il s'abat au sol.

La grenade roule sur la pente. D'instinct, Marcel - encore conscient - se protège la tête de ses deux bras. L'éclatement le blesse une deuxième fois. Il perd connaissance. Les Japs échappant à l'invisible attaquant accélèrent dans le désordre leur reflux au village.

Ayant perdu deux sous-officiers européens, le capitaine se résout à décrocher en catastrophe par la face nord déchiquetée. Un sous-officier indochinois dévisse. Probablement lacéré à mort sur des crêtes de roches tranchantes, il ne se manifeste plus. La compagnie sans plus de perte, réussit à prendre le large. Elle échappe en tiraillant au harcèlement de l'ennemi sur près de neuf cents kilomètres avec ses cadres et ses tirailleurs suivant loyalement comme à la manœuvre. L'unité ayant récupéré dans sa retraite quelques hommes, dont un mal sabré à Lang Son par un officiant surmené, elle parvient à la frontière épuisée, dépenaillée. Les autochtones, par méfiance millénaire ou par enchaînement politique, laissent le petit groupe des Français se présenter seuls aux avant-postes alliés peu accueillants pour ces fugitifs « colonialistes ».

Pour un mot « colonialisme », les U.S.A., sourds à l'appel à l'aide, laissèrent le champ libre, tant sur terre que dans le ciel, aux hordes nippones se ruant sur nos garnisons et nos détachements. Pour un autre mot « communisme », ils devaient prendre notre relève. La vérité était ailleurs…

Un profond sommeil relaya dans l'inconscience l'évanouissement de Marcel. Il en émergea sur des palpations au corps insistantes. Il ouvre les yeux sur un jour terne. Un individu à ses côtés s'évertue à déboutonner sa tunique pour le détrousser. Marcel s'empare vivement du poignet de son voleur qui, de saisissement, bondit comme si un serpent l'eût mordu. À quelques pas, l'Indochinois perplexe observe le linhtay ensanglanté qui se soulève sur un coude. Le combattant solitaire a déjà été délesté de son ceinturon et du 92 pendouillant bas maintenant au flanc de l'homme d'apparence chétive. Pour s'approprier la musette de grenades, il avait coupé la bretelle qu'il noua pour se la passer en sautoir. Dépourvu de défense et affaibli, Marcel prend le risque de composer avec son « brigand » indécis. L'homme étant un naturel du pays, le blessé lui demande d'aller quérir sa co. Qu'elle se munisse de médicaments, de charpie et de vivres. L'homme acquiesce d'un hochement de tête et s'éloigne d'un pas alourdi. Sans beaucoup d'illusion, Marcel change de planque, son messager pouvant fort bien rameuter les Japs. Par chance, l'envoyé revient accompagné de la co portant à dos un lourd baluchon bien vite réparti en deux charges. Après les premiers soins, un frugal casse-croûte consommé à la hâte et sur une lampée de chum, le Tonkinois consent à guider le couple vers un des refuges foisonnant dans les parages, moyennant la rançon des bagues et d'une partie de l'argent du blessé qui, prudemment, ne cède pas à la tentation de neutraliser leur cher cicérone, lequel disparaît avec sa charge.

Les blessures du sous-officier sont superficielles et, grâce à sa robustesse, il se trouve assez vite dispos. La rumeur de la jungle amène jusqu'à lui quelques tirailleurs armés, rescapés d'unités éclatées sous le coup de force japonais. Le relégué voit le parti qu'il peut tirer de ces hommes prêts pour n'importe quel combat. L'intendance, le salaire, le superflu se fauchent dans l'exaltation de l'aventure proposée par le chef blanc : fondre sur les convois japonais de petite et moyenne importance avec droit de prise.

La troupe alléchée et, pour la plupart ,politiquement orientée, s'étoffe rapidement et trouve ses cadres. Le sergent Tardot échappe probablement 'à la traque des chasseurs de prime qui, pour chaque tête de blanc, reçoit vingt piastres des mains de l'ennemi.

L'odyssée de Marcel a comme témoin un gradé de la Garde Indigène qui partagea quelque temps ses tribulations avant d'être capturé par l'ennemi. Ce témoignage sera corroboré et complété par d'autres personnes.

Marcel a de nouveau les armes à la main. Il reprend sa guerre. Des colonnes ennemies sont anéanties sous l'assaut sans merci des guérilleros. Les camions, avec ce qui ne peut être emporté, sont incendiés. Le chef de ces bandes organisées, avec sa haute stature, son sabre japonais hérité d'un premier coup de main, sa crinière et sa barbe rousse, son engagement physique dans le combat lui valent son surnom « Le Pirate Rouge ». L'ennemi a tôt fait d'identifier ce diable d'adversaire surgissant à l'improviste et s'évaporant dans la nature. Ses indicateurs signalent à Tardot et à ses hommes les mouvements des nouveaux occupants; ceux-ci ne parviennent pas à savoir où le débusquer. Marcel se déplace. Toute trace brouillée de refuge en refuge. Le butin de chacun prenant d'autres voies. Peut-être aurait-il eu quelque chance de voir la fin de la guerre contre le Japon dans le maquis. Mais il est le seul à se faire suivre de sa femme et à la soumettre à sa rude errance d'outlaw. Il trouve plus équitable et plus humain de la renvoyer dans ses foyers avec un gros magot. Il continue sans elle à monter encore des opérations.

Quelques petits jours après son retour au village, la co reçoit la visite d'un très courtois sous-officier nippon. Elle ne prend pas garde à quelques soldats demeurés à l'extérieur. La conjoncture incite le visiteur à user d'abord de la manière douce.

- Madame Tardot?... je vous apporte une mauvaise nouvelle. Votre mari a été tué au combat par nos troupes. Nous avons beaucoup d'admiration pour lui. Ce qui est probable... Il s'est bien battu... C'est la loi de la guerre qui s'applique à tous ceux qui lèvent leurs armes contre nous... Votre mari est mort en héros l'arme au poing.

Délicatement, il laisse à la « veuve » quelques piastres. Il salue et sort. En pleureuse, la co s'empresse de porter la nouvelle à quelques connaissances en citant les hauts faits du disparu. Mais, le lendemain, l'homme du Soleil Levant se représente devant « Madame Tardot ».

- Vous êtes seule maintenant... Voulez-vous être ma congaï?

Elle n'est pas inconsolable et ne balance guère. La rigueur morale est une inconnue par ces temps de misère. Sur la couche de l'inconstante, le nouveau « mari » se fait raconter visiblement émerveillé l'épopée de son prédécesseur. Il ne fait grâce d'aucun détail à la concubine. Il apprend par traîtrise les diverses retraites du « Pirate Rouge ». La co volubile fut-elle toujours innocente et dupe?

Des opérations simultanées sont menées à grands renforts contre les refuges des guérilleros. Marcel ne perçut pas à temps l'élémentaire nécessité de chercher de nouveaux abris. L'ennemi le surprend entouré de quelques hommes succombant vaillamment sous le nombre. La mission impose aux assaillants de prendre « Le Pirate Rouge » vivant. Sans la moindre écorchure, il est vigoureusement ceinturé et ses mains sont liées dans le dos. Ses vainqueurs le déchaussent pour qu'à pieds nus il baisse la tête. Les Japonais triomphants l'escortant l'exhibent à la traversée, qu'ils veulent ignominieuse, d'un village. Mais Marcel est déjà auréolé d'une belle légende et si les villageois sont devant leur logis, ils ne montrent aucune approbation. Au terme d'une marche pénible, le captif est poussé à l'intérieur d'une case d'un camp de brousse enclos d'une haute palissade de bambou aux lanières tressées. Le grand chef du lieu l'honore d'une visite en se faisant conter par une cour empressée les péripéties de cette belle capture...

Le nouveau « mari » de la co revient une dernière fois. Il pousse la porte du pied, ne salue pas et deux autres nippons entrent avec lui. Le sous-officier va contre une cloison et, ouvrant sa braguette, il urine en suprême injure. Puis, il regarde la femme interdite et apeurée :

- Merci. Grâce à toi nous avons pris Tardot.

Le trio sort en laissant la porte ouverte devant laquelle s'était formé un groupe de citoyens. Même à Dong Mô il y a une limite humaine créée par la conjoncture. Le mariage avec Tardot était parfaitement admis avec, de surcroît, un petit regain d'activité apportée par la compagnie. Depuis, les Viets noyautant la population se montrent davantage et ne manquent pas d'injurier la co. Celle-ci se sent répudiée par ses compatriotes depuis qu'elle ouvrit sa couche à un Nippon.

La sotte, éperdue, déboussolée, s'en va souffler sa mésaventure à sa commerçante montrant un visage de bois. Celle-ci fait un bel écho qui enfonce davantage la co dans le discrédit. Son sentiment anti-nippon soudain est une falsification par trop évidente…

Pour briser la résistance morale de leur trop superbe prisonnier, les gardes-chiourmes le soumettent au nettoyage des armes pendant trois semaines environ.

Enfin, faisant du « Pirate Rouge » le symbole de la chute du Blanc, les Japonais organisent une cérémonie du sacrifice qu'ils veulent édifiante et populaire. La population indigène est instamment invitée à y assister. Une partie de la garnison, baïonnette au canon, la contient en parade à distance. L'ennemi est satisfait, la foule est plus dense qu'espérée. On va exécuter un chef blanc, « Le Blanc ». Le fait pour les insulaires d'être asiatiques ne leur confère pas l'avantage de comprendre les Indochinois, un autre peuple dont la majorité, non encore forcée dans son ensemble, demeure encore pro française et, a fortiori, le Japonais est non seulement l'autre « colonialiste », mais aussi l'allié des nazis et des fascistes. Le viêt minh affiche sa collaboration avec les Alliés.

Autour du lieu où Marcel va perdre sa vie, la population demeure silencieuse et grave. Parmi elle, quelques combattants du « Pirate Rouge » groupés témoigneront aussi de la fin de leur Chef.

Au seuil d'une case apparaît Marcel Tardot, poignets à nouveau liés. Deux soldats, baïonnette au canon, l'encadrent. Un coup d'œil circulaire lui révèle que sa dernière heure est venue. Son escorte porte la main sur lui pour qu'il aille. Il se dégage brusquement des épaules. Il marche penché, pensif. De loin, sa chevelure et sa barbe ardentes, son attitude détachée de ce qui l'entoure, inspirent le respect au plus irréductible ennemi assistant à cette sinistre parade. Ce brave allant à la mort ne peut être atteint dans sa grandeur par aucune considération temporelle.

Arrivé sur le lieu de son exécution, ses yeux plongent un court instant dans ceux du bourreau qui, le sabre nu en mains, va lui ôter la vie. L'homme des basses œuvres a un haut-le-corps et rauque un « Koura » suffoqué. On presse à nouveau Tardot pour qu'il s'agenouille. À nouveau il fait lâcher prise et de lui-même met les genoux en terre. Pour les spectateurs les plus proches, le regard de Tardot paraît se porter sur un oiseau piétant avant de prendre son envol lourd et bas. Sans brusquerie, le bourreau incline la tête de sa victime. L'âme de celle-ci doit s'étreindre de piété filiale tant physiquement est-il hors du moment.

À quelques pas du condamné à ses derniers moments terrestres, une jeune femme vietnamienne, en tunique longue et coiffée du cai nhon [1] se détache des gens du peuple. Elle va d'un pas souple et d'un geste léger, écarte la baïonnette qui lui barre la route. L'officier dit un mot. L'inconnue peut se pencher librement sur Marcel.

- Camarade Tardot... Camarade Tardot...

« Le Pirate Rouge » lève des yeux absents vers la jeune femme à la parole ferme et douce qui dit à voix audible :

- Bientôt Japon foutu. Adieu camarade.

L'officier fait un geste.

---

(1) chapeau conique en feuilles de latanier.

Le bourreau prend son sabre à deux mains et, d'un mouvement ample et sûr, tranche le cou du héros solitaire que la Terre a abandonné.

Tardot a dominé sa cour d'honneur. La jeune femme s'en revient sans plus tourner la tête et disparaît dans une case avec trois jeunes gens. Ils appartiennent déjà au Viêt-nam en marche vers son lourd destin sanglant.

Cette tragédie publique participe quelque temps à la légende du « Pirate Rouge » avant son enfouissement sous des milliers d'autres sacrifices glorieux d'une autre génération engagée par « erreur »…

L'épopée de mon frère d'armes m'est colportée lors de ma première sortie en homme prétendu libre de la Citadelle de Hanoï qui entasse tous les ex-prisonniers survivants des combats et des camps de la mort lente d'Hoa Binh après la capitulation de l'Empire du Soleil Levant.

Une femme guette la sortie des hommes. Dès qu'elle m'aperçoit, elle vient à moi. Sans la présence des Viets armés et des Japs sans arme, assignés à la protection symbolique et unique du camp, elle me sauterait au cou tant sa joie est grande. Deux Viets se tiennent à courte distance de nous. L'un sourit. Je ne leur prête pas davantage attention. La femme me relate l'aventure de Marcel s'appuyant sur le témoignage d'anciens « bandits » du « Pirate Rouge » ayant, notamment, partagé ses actions et assisté à son exécution. Cette Tonkinoise est l'ancienne fournisseuse de vivres frais de notre unité. Elle dit encore que la concubine de Marcel, qui ouvrit sa couche à un japonais et trahit son compagnon, a disparu de Dong Mô. Son déménagement a été effectué par des pillards dont la misère fait loi. La bonne femme m'entraîne vers un maigre éventaire et me tend une vingtaine de cigarettes roulées. Elle refuse avec obstination le moindre cent. Les Viets qui ont suivi viennent à notre hauteur sous le prétexte apparent de rompre le dialogue entre un Français et une camarade potentielle. Le geste que fait l'un d'eux pour nous séparer est démenti par les mots.

- Chef! tu me reconnais?
- Oui.
- Ce que dit cette femme est la vérité. J'ai assisté à la mort du camarade Tardot, dit l'autre. J'ai combattu avec lui contre les impérialistes japonais.
- Au revoir.

Marcel est le guerrier franc traversant les siècles pour tomber dans des combats hors du commun.

Son supplice, même dans la partie obscure de la gloire, se recueille dans la rigueur de sa modestie, de sa fidélité et de son intégrité morale.

Un homme libre est mort.

KILOMÈTRE 87

Je dédie ce récit
à mes camarades morts glorieusement
et aux survivants
des « camps de la mort lente » d'Hoa-Binh.

Il en était venu de tous les coins de France. Il y en avait de toutes les classes de la société : des honnêtes gens et des pauvres types. Il y avait des héros anonymes et des autres, mais aucun n'avait ses états de services, son casier judiciaire ou son certificat de bonne vie et mœurs. Quelques-uns que la grande débâcle et la pagaille favorisaient, s'étaient cousus des galons supplémentaires sur les manches, voire même sur les épaules. Tout était sens dessus dessous, du moins pour nous les petits, qui n'étions pas dans le secret des dieux. Cette troupe disparate était rassemblée au Camp de la Delorme, aux environs de Marseille et, à première vue, il était vraiment impossible de prévoir comment on parviendrait à faire des « rengagés spéciaux » disciplinés dans un idéal commun ; un point du moins les unissait : ils étaient tous prêts à tenter l'aventure qui s'offrait, terriblement attrayante.

Chacun d'entre nous avait son histoire de la « drôle de guerre », du grand « boum » de juin 40. Un grand nombre avait passé la ligne de démarcation, hâves, faméliques et étaient venus à Marseille qui fut le refuge à la fois d'honnêtes misères et de basses crapules. Un ancien fils de famille dépenaillé me disait en « piquant » de rares mégots : «... Je n'ai plus de nouvelles des miens... ma maison a été détruite. » Un autre venait pour blanchir une conscience trouble ; son voisin ne disait rien : il voulait servir son pays meurtri ; le prisonnier, en rupture de stalag, ne pipait mot... Enfin, beaucoup étaient venus pour ne pas crever de faim.

J'étais là aussi, comme eux, volontaire pour la lointaine Indochine. Les survivants du grand voyage ne devaient revenir que cinq ans après… Nous étions partis pour deux ans : à vrai dire, on ne se fit jamais d'illusions à ce sujet.

C'est dans ces circonstances lourdes de menaces que se créa notre trio de diables à quatre. Avec moi, il y avait Jacques Volmer, un gars de Thionville et le solide « Normand sans beurre », Louis Deverger.

Nous sommes bien restés trois semaines en pékins à « brûler » ces derniers jours en terre de France. Au fond du cœur nous avions cette angoisse de laisser bien loin un autre soi-même attendrissant : adieu beau temps de nos vingt ans et vive l'aventure ! Aussi, quels efforts méritoires fîmes-nous pour boire, manger, galvauder l'inévitable transition de nos « deux vies ». Ensemble nous fûmes habillés, ensemble nous montâmes la coupée de ce vieux Leconte de Lisle qui, par Alger, Oran, Casablanca, Dakar, Tamatave et Diégo-Suarez, devait nous débarquer à Saïgon.

Après près de trois mois d'une traversée mouvementée, non exempte de périls nous mîmes pied à terre. Ce périple nous enleva l'odeur de naphtaline que fleurait notre paquetage neuf perçu à Marseille. Trois jours après notre arrivée en Cochinchine, nous fûmes séparés par les affectations de ce précieux renfort que recevait l'ancien corps expéditionnaire aux effectifs européens squelettiques, décimé encore par les maladies…

Du 8 juillet 1941, date de notre arrivée en Extrême-Orient, au 9 mars 1945, nous eûmes le temps de devenir de solides blédards sur lesquels on pouvait compter.

Jacques Volmer était depuis 1941 au Tonkin ; Louis Deverger était au Cambodge, que n'y est-il demeuré ! En 1943, fatigué de rester en place, il se fait affecter à Langson… Moi, plus « casanier » sans doute ou peut-être conquis par les charmes de Saïgon, je ne demandai à permuter qu'en 1944.

Quoique tous trois au Tonkin, nous n'en étions pas à nous voir comme jadis : il est souvent plus aisé d'aller de Paris à un chef-lieu que de ce même chef-lieu à un bled des environs !

Au putsch japonais du 9 mars 1945, je n'avais rencontré Volmer qu'une fois et Deverger deux : maigre compensation, car je ne devais plus revoir celui-ci ; il est mort en héros à Hagiang avec ses glorieux compagnons de baroud. Volmer s'était bien bagarré à Langson. Pris par l'ennemi, il eut la chance de passer au travers des odieuses exécutions de prisonniers par les Japs. Moi, à trente-cinq ou quarante kilomètres de là, à Dong-Mô, dans un décor d'Apocalypse, je fus cueilli et ficelé après une défense honorable.

De Dong-Mô, je fus transféré à la Garde Indigène de Thanh-Moï : mes misères étaient commencées, fastidieux serait de vous les conter ; d'autres les ont vécues, souvent plus douloureuses ? Puis, nous fûmes amenés, en troupeau farouchement gardé, à Phu-Lang-Thong où le régime n'était certes pas à recommander. Moins mauvais était celui de la citadelle d'Hanoï où nous restâmes quelques semaines. Là, enfin, j'y avais rejoint Volmer… Un Volmer amaigri qui me trouva maigre. Nous parlâmes de Deverger. Comme il n'était pas parmi nous, nous nous berçâmes de l'espoir qu'il fût passé en Chine avec la colonne Sabatier, quoique le bruit courait sous cape des massacres de prisonniers de Langson, d'Hagiang et d'autres lieux… Nous ne donnions pas cher de notre peau !

Déjà dans le camp, le marché noir battait son plein. Les débrouillards faisaient le pastis avec du carburant et le café avec du charbon. Un cuisinier de deuxième classe primait sur le galon. Volmer, qui de tout temps fut un gars à la hauteur, se trouvait bientôt derrière les fourneaux. C'est ainsi qu'à défaut de bonne viande, j'avais quelquefois l'avantage de ronger un os de vieux buffle essoufflé, découpé précieusement en milliers de frugales rations. Les petites natures cueillaient des herbes dans les coins sous l'œil, combien amusé, des sentinelles japs.

À vrai dire, comme beaucoup d'autres, j'en avais pardessus le dos de la Citadelle, des vastes rassemblements précipités, des corvées les moins drôles aux hurlements et sous les coups de nos gardes-chiourmes…

… Et ce fut Hoa-Binh ! Les « camps de la mort lente » qui s'échelonnaient sur près de quatre-vingt-dix kilomètres dans une des régions les plus malsaines d'Indochine et dans des conditions que l'homme le plus averti ne pourrait imaginer… Et pourtant, la majorité des bagnards que nous devions être y partit avec soulagement ; quitter la Citadelle ? Quelle aubaine !

« Tu croyais donc au père Noël, mon petit vieux ? » devait me dire quelque quinze jours après un sous-off avant de crever. On y avait cru sans y croire… On sortait des murs, on était moins prisonnier.

« Vas te faire foutre ! », on quittait le Purgatoire pour entrer dans le Néant ! »

Volmer et moi, par chance, étions dans le même camp : celui du « Kilomètre 87 », dans un trou avec quatre paillotes dont j'ai oublié le nom ; pour nous c'était un pays sans nom. Quelques jours du régime de « notre » camp suffirent à nous enlever toute espérance. Nous étions des corps sans âme, avec les seuls réflexes de durer. Nous vendions nos chemises, nos précieuses moustiquaires pour quelque nourriture… Le tarif ? Une chemise, trois bananes, une couverture, cinq. La ration du prisonnier ? Une écuelle de soupe au riz le matin, une boule de riz à midi, une le soir. Nous arrachions les pousses de bambou, les herbes… En bref, nous crevions à petit feu sous l'œil indifférent du Nippon. Ne s'avisèrent-ils pas un jour de nous en jouer une bien bonne ?

L'interprète nous informa que le Commandant japonais dans sa sollicitude, ajouterait du porc à notre soupe de riz du lendemain.

… Et le lendemain, les cuisiniers qui allèrent chercher la précieuse bidoche, revinrent avec… deux oreilles de goret ! On se retourna sur notre grabat sans mot dire. Nous n'avions même pas le loisir de rire de la farce… des soldats japonais curieux, accompagnaient la corvée. Nous avions compris… Malgré tout, l'esprit ne perdait pas ses droits. Notre savoureux interprète vint nous annoncer solennellement quelques jours après, une nouvelle libéralité de son chef samouraï.

« Demain légumes !… Cuisiniers, allez chercher quatre kilomètres légumes ! »

«… Si ça pouvait être quatre kilomètres de saucisses, eh ! bourrique ! » dit assez haut un camarade grincheux. L'erreur du Jap et la répartie qu'elle sollicita nous mirent en gaîté. Je me souviens encore aujourd'hui du dernier sourire de Volmer qui partageait sa moustiquaire avec moi, quand il me dit, inspiré :

« Tu ressembles à Paul Muni dans « Je suis un évadé »! »

Grâce à deux chemises, un short et un couvre-pieds, je pus avoir le strict nécessaire pour ne pas mourir de faim comme bien d'autres. Il fallait monter des billes de bois sur les hauteurs avoisinantes où nous creusions des tunnels. Certains Japs nous laissèrent entendre que nous y serions emmurés ; ce n'était point fait pour ralentir les travaux, si curieux que cela puisse paraître à ceux qui ne perdirent jamais leur liberté. Il est vrai que nous ne pensions plus comme des vivants.

Le soir, il nous arrivait de parler de la lointaine France et le plus souvent alors, il faut l'avouer, d'un bon steak aux pommes, d'une « quille » de gros rouge. Les mots d'esprit étaient assez goûtés, mais sitôt que l'aube pointait, c'était l'angoisse de savoir si nous aurions la force de nous lever. On attendait la soupe de riz par nécessité, mais nous en avions plein la gorge. Bientôt, nous fûmes rendus au même degré de misère physiologique… Rien n'est plus pénible que de se rappeler ce silence résigné des mourants en pleine conscience, abandonnés de l'humanité entière, dans un coin du vaste monde qu'aucune conscience ne peut atteindre… Et, un jour, fait inespéré, les Japs m'embarquèrent ainsi que quelques autres « malades » pour nous ramener à la Citadelle. La fantaisie seule présida à ce choix, car nous étions tous atteints et Volmer plus que moi. Quand je le quittai, il me présenta sa main gonflée par le béribéri dans laquelle je posai la mienne, rendue au même état ; ce n'était plus un geste d'amitié, mais plutôt d'accoutumance, un signe qui dirait : « Je sais qui tu es, à quoi bon ? Bientôt nous ne serons plus ! »

Jacques Volmer, le gars de Thionville, je le revis quand l'armistice sonna. Quelques jours avaient encore aggravé son état ; moi, ils m'avaient sauvé à la limite.

Sur son camion chargé de damnés, deux hommes n'avaient pu supporter le voyage ; ils étaient morts, gonflés, méconnaissables ! Les survivants ne valaient guère mieux.

Nous, les rescapés, nous descendîmes les uns et les autres. J'aidais mon cher Volmer, qui semblait ne plus me voir. Pour lui redonner un semblant de vie, je lui soufflais :

- La guerre est finie… c'est fini !

- … Hein !

- Je dis que le Japon a capitulé !

- … Oh ! La ferme !

C'était trop fort pour lui. Personne n'aurait osé prédire une reddition si rapide… Allez faire croire à un mécréant que le Ciel l'attend !

La guerre était terminée, mais pour certains, comme Jacques, rien ne pouvait plus les sauver ; ils étaient usés. Jamais nous eûmes autant de morts que la semaine qui suivit la Libération. Les familles avaient reçu de nos anciens geôliers l'autorisation d'entrer dans la Citadelle maudite. Ce fut une kermesse émouvante dans un champ de morts, de mourants, d'hommes sans âme.

Jacques dura cinq jours encore, toujours lucide, toujours plus calme, plus sensible, juste le temps de se rappeler que, quelques mois avant, il vivait encore et qu'il aimait.

Maryvonne était venue parmi les premières. Elle pleurait, elle riait et lui, avait un peu de joie ; on ne peut pas en avoir trop quand on a trop souffert, que l'on va mourir, même si on ne le sait pas encore. Il m'avait présenté à Maryvonne. Elle et moi fîmes ce que nous pûmes. Jusqu'à ce dernier jour son état nous fit illusion… Cela commença vers dix heures. Il respirait mal. Ses narines se pinçaient. Il ouvrait la bouche pour aspirer la vie, mais celle-ci partait d'heure en heure. Maryvonne et moi étions près de lui. Elle avait les yeux rouges, je souffrais de ne pouvoir pleurer… Lui, bientôt, ne put plus parler, mais ses yeux allaient d'elle à moi… Il voulait dire quelque chose. Sa bouche, grande ouverte, distendue, ébauchait des mouvements sporadiques. Alors, je regardais ses mains ; elles bougeaient, elles disaient quelque chose de tragique, de suprême. Pour mieux les écouter, je mis ma main dans la sienne. Son regard glissa alors en hésitant vers Maryvonne. Elle fit, sur cette invite muette, le même geste que moi. Nous sentîmes tous les deux le mouvement impérieux que le moribond nous commandait. Sur les mains maintenant apaisées de Jacques Volmer, nous avions uni les nôtres. Alors, les paupières de mon ami s'abaissèrent, nous faisant entendre que tel était bien son désir…

… Maryvonne n'était point là quand une infirmière affairée posa sur le visage du martyr un petit mouchoir brodé ; elle ne vit Jacques que dans sa bière de bois blanc. Nous étions seuls avec lui. Les autres passaient presque indifférents, tant nous étions accoutumés à laisser en route nos frères d'armes dans cette lutte sourde contre la mort silencieuse. La guerre était finie !

Ce n'est que deux semaines plus tard que je revis Maryvonne… Peu à peu, comme si Jacques Volmer nous y poussait, nous nous vîmes plus souvent.

… Nous nous épousâmes en France, un an plus tard, réalisant ainsi la volonté du mort.

LE DÉFILÉ DES ANGOISSES

« ... Ces Français virent se dresser contre eux, dans une lutte inhumaine, les embûches de la nature et la cruauté des vivants. Alors, commença pour eux la plus redoutable épreuve qui puisse s'appesantir sur l'homme, la condition de bête traquée. »

L'Indochine en face du Japon
André Gaudel

Ceci n'est pas un conte fantastique. Ce récit se rattache à l'Histoire et à l'Humain. Quelques centaines d'hommes l'ont créé de leur sang, de leurs souffrances et un grand nombre de leur vie. Longtemps encore le Tonkin des pistes, des « calcaires », de la jungle se souviendra de cette épopée à peine imaginable qui s'inscrit parmi les plus singulières de la dernière guerre...

... « Ici Radio Londres... 10 mars 1945... L'armée japonaise a ouvert les hostilités contre les troupes françaises d'Indochine. Aux dernières nouvelles des centres tiennent encore... La résistance commence à s'organiser dans la brousse. »

Une semaine avant le « putsch », l'Indochine poursuivait dans l'isolement une vie morne d'incertitudes. Langson regorgeait de troupes Japs, soigneusement réparties, « éparpillées » en apparence, avec discrétion, aux alentours et aux points sensibles de la ville. Des unités mandchoues et coréennes s'étaient rapprochées de la frontière, prêtes à intervenir.

À Maïffa, quartier excentrique, était le 2ème Bataillon du 3ème Tonkinois.

Ce jour-là, le 3 mars, le sergent-chef Le Guillou était parti à l'aube à la corvée de bambous avec la 2ème section de la 3ème compagnie : une bonne balade en perspective !

Avec lui étaient deux Européens : le sergent Pierrugue dit « Ky-San-Fou » et aussi le « Père Tranquille » et le cabo-chef Balin, un type dynamique, débrouillard, de bon commerce en brousse. Les tirailleurs tonkinois formaient le reste de l'effectif.

Tout le détachement, étant donné la fréquence des tensions et l'action des premières bandes « pirates », était armé, enfin les tirailleurs avaient porté leur coupe-coupe pour faire leur moisson de roseaux arborescents.

Ils étaient partis de bonne heure, le jus au ventre, le bidon au côté, le casse-croûte dans la musette. Il faisait froid. La route de la frontière était plongée dans la grisaille du petit jour et du brouillard à crachin. Une plaine, limitée d'abord au ruban gris et luisant de la route et aux champs proches, s'étendit. Personne ne soufflait mot. Le plus dur quand on part ainsi au petit matin, est le démarrage. Le soleil bientôt s'est levé, le brouillard dissipé presque soudainement. La plaine immense s'est découverte. D'un côté est la Chine, de l'autre le Tonkin : tous deux aussi énigmatiques. Au loin, se dressent les premiers calcaires isolés.

- Des capucins qu'on dirait ! suggéra le « Père Tranquille » en s'approchant de Le Guillou.

- Des mammouths, répondit le chef.

Bientôt celui-ci donna l'ordre de la halte casse-croûte. Les tirailleurs formèrent les faisceaux, rompirent les rangs et dégagèrent sur les bas-côtés de la route en sortant leur boule de riz et le poisson sec. Le Guillou désigna une sentinelle aux armes.

- Chep ! lui dit un tirailleur qui le salua en le croisant.

- Ça va le « conméo »?

Cet indigène était son homme lige. Il fourbissait son fourniment et lui faisait sa cuistance quand la section se propulsait dans la nature : « Nguyen-Van-Tam, cinq ans de services, matricule 3617, dit « le conméo, le chat » vu que lorsqu'il riait, sa face se ridait comme celle du quadrupède domestique.

Le Guillou rejoignit Pierrugue et Balin. Les trois Français formaient un groupe d'amis attachés aux mêmes principes, ayant la même marotte : leur section de tirailleurs.

- Faut pas trop s'y fier si on a le coup dur contre les Japs, avança le « Père Tranquille ».

- Contre les Japs ? ... Ça dépend, répondit le chef qui avait son idée.

- Faudrait pourtant qu'on fasse quelque chose dans cette guerre, dit à son tour Balin qui avait son amour-propre. On aurait bonne mine quand on reviendrait au pays !

- Moi, j'ai idée que ça se passera pas sans coup de torchon... Des fois que les alliés débarqueraient sur les côtes, il faudrait bien qu'on se taloche avec les Nippons, histoire de se dégourdir et donner un coup de main aux copains ! émit le « Père Tranquille ».

- Faut croire qu'on ne lirait pas l'Écho de Paris ou l'Épatant, surenchérit Le Guillou qui ajoutait :

- À condition que ça ne se passe pas autrement !

... Le soir venu, la section était de retour à Langson. Les hommes ne firent qu'un somme jusqu'à l'appel de Diane. Ils préféraient une sortie de ce genre que la vie de garnison...

Quelques jours après, certains d'entre eux devaient refaire le même chemin...

... C'était donc le vendredi 9 mars 1945 au matin... Le bataillon avait reçu l'ordre inattendu de faire route sur Cao-Bang dans la nuit du 9 au 10. Tout va bien : cette décision a été accueillie avec joie. Les mitrailleurs ont mis leur matériel sur bâts, le gros des munitions, les ballots d'allègements sont entassés dans des camions. Le personnel a astiqué ses armes de voltige et son équipement. À la nuit tout est prêt. L'heure approche... Les Français ne prêtent qu'une attention tempérée aux nombreuses sections japs qui, au pas de gymnastique, se déplacent sans armes dans la ville.

Le Nippon a créé l'accoutumance à ces manœuvres de nuit qui est son élément. Des porteurs chinois, plus nombreux circulent hâtivement avec de lourdes charges tirant sur leurs fléaux et, sans plus attirer la curiosité émoussée des nôtres disparaissent avec les soldats du Mikado dans l'obscurité.

… Mais soudain le bruit circule que l'on prend quelques précautions… Là encore rien de neuf : les alertes suscitées par des tensions fortuites ne se comptaient plus.

- Si ça pouvait être pour de vrai, disaient certains chaque fois que nos troupes faisaient le pied de grue, le flingue à la main…

Toutefois la détente, ce soir-là, prit une forme originale et inquiétante, justifiant la méfiance des chefs français. Ceux-ci avaient été à un banquet offert par les officiers japonais : chaque invité était armé.

Il fallait faire le jeu ! Parmi eux, étaient le prestigieux commandant Robert, le résident civil Auphelle. Le général Lemonnier, « l'ascète », connu pour sa sobriété put décliner l'offre sans pour cela paraître suspect au Nippon…

… Alors il se fit un grand vide sur la ville… Plus de Français, plus de Japs, plus de Chinois : personne… Un vide immense. Avant l'ouragan, les rues éclairées faiblement à intervalles réguliers étaient désertes… Près du pont de Ky-Lua, un poste français : c'est de là que partit la bagarre…

… Une sentinelle tonkinoise en calot, veille dans l'ombre. Celle-ci vomit un groupe de Jap silencieux. La sentinelle est traversée d'outre en outre au sabre-baïonnette… Un coup de feu claque… Puis un autre… Puis une arme automatique… Les détonations se multiplient en chapelets. Des ombres surgissent de la nuit qui se peuple et hurle, vibre au canon. Une frénésie de meurtres et d'héroïsme s'empare de Langson, de toute l'Indochine.

… La bataille inégale d'une nuit est commencée. Quelques milliers de Français sont isolés de leur monde : ils se battent !

Ils se battent contre tout espoir, pour l'honneur, pour le panache !

… Langson ! Dix heures du soir, la bataille fait rage…

… Les chefs français, au banquet funèbre sont massacrés ou prisonniers. Le général Lemonnier avec quelques hommes de son État-Major commandera quelques contre-attaques à la baïonnette dans le Réduit de la Citadelle encerclée. Partout nos troupes, sans les grands chefs, se battent en dentelle ; à la Coloniale ! Pas de ligne de front, mais des points investis dès la première heure. Chaque point ignore le sort des autres. L'ennemi, freiné par la résistance de certains hauts lieux, éprouve de lourdes pertes. Il ne se suffit plus. Il fait appel à ses troupes continentales rapprochées de la frontière.

À Maïffa, le 2ème bataillon du 3ème Tonkinois surpris avec son matériel entassé dans les camions et sur les bâts, est un objectif de première pour l'agresseur. Il est une cible facile pour les projectiles incendiaires qui embrasent le camp provisoire fait de cagnas en bambous, recouvertes de paillotes. Et cependant, là aussi, malgré l'inévitable désordre, la résistance s'improvise par îlots héroïques, dans un bruit infernal ; dans une torche géante où s'entre-tuent des Pygmées.

- « Repliez-vous ! », l'ordre est parti, transmis au petit bonheur. Il ne touchera pas tout le monde dans le vacarme des explosions, des cris et des crépitements. Des Français désarmés sont tués à bout portant, exécutés à la baïonnette, d'autres sont bousculés, terrassés, ficelés. Des groupes de « chez nous » contre-attaquent. Des grappes de combattants s'écroulent dans une rafale comme des pantins désarticulés.

- « Repliez-vous ! »

Des hommes essaient de rompre l'encerclement. Le Guillou, Pierrugue et Balin enlèvent leur section « à la fourchette »... Ils laissent des plumes. Ils font bloc... Les tirailleurs, à l'exemple de leurs cadres, font merveille. Le Nippon rompt... La section s'est enfoncée comme un coin dans ses rangs. Elle s'est fait un passage... Elle est passée. Alors, l'ennemi referme son étreinte sur les pauvres restes du bataillon et s'y acharne... La section Le Guillou, diminuée est sauve. Le chef, évitant les grands accrochages, harcèle les troupes du Mikado. Balin est blessé à l'épaule « un bobo », il suit le train... Des tirailleurs, sentant la vanité de la lutte, privés souvent de leurs chefs, abandonnent. Ils désertent et s'enfoncent dans la nuit avec leurs armes : demain il n'y aura pas d'appel.

... Le général Lemonier demande secours aux alliés. Silence ! Le monde ne peut rien faire pour cette poignée de héros. Du crépuscule glauque du matin dominant fièrement le champ de bataille, le drapeau tricolore surgit du fort Brière de l'Isle. Lemonier est pris. Lui et Auphelle sont sommés solennellement de signer la reddition de la place.

- Rendez-vous ou les prisonniers seront exécutés !

- Non !

Les deux chefs ont la tête tranchée. Le Nippon tiendra parole en grande partie et des centaines de Français désarmés, pour la plupart blessés, tomberont au mépris de toutes les lois humaines, assassinés par des barbares furieux.

... Puis, petit à petit le canon se fait plus rare faute de munitions, faute d'hommes valides, sous la pression d'une nuée de Mandchous et de Coréens. Partout des morts et des blessés qui gisent sanglants sous le soleil, des prisonniers malmenés, poussés vers leurs geôles... Dans l'après-midi du dix, l'ennemi fait donner les gaz lacrymogènes et l'aviation. Bientôt tout est fini ! Langson est un tombeau, des ruines, un champ de concentration et d'extermination...

Alors des gens de notre pays, par groupes traqués, s'éloignent de la petite cité martyre. Ils vont entreprendre l'exode vers la Chine mystérieuse, par une jungle hostile, au milieu des pires dangers : parfois sans armes, sans munitions, sans vivres, sans médicaments. Haillonneux, les chaussures éculées, ils seront soumis, comme les pierres, aux pires intempéries. Tantôt ils grelotteront sous les pluies diluviennes, tantôt ils seront accablés sous le soleil cuisant, ils traverseront le marigot boueux, le marais infesté de serpents et de sangsues.

La plupart de ces êtres, qui furent des hommes, n'arrivera pas au terme de ce voyage hallucinant. Des caravanes plongées dans cette aventure erreront souvent en vain vers la libération. Tout au long de leur terrible itinéraire, ils laisseront des compagnons sans force et les derniers survivants succomberont en grand nombre dans les embuscades.

Ces soldats d'élite, subissant l'implacable loi de la jungle, devaient connaître, parfois, la morne résignation des outlaws devant l'innommable fatalité ; l'impuissance de la bête acculée par les chiens face à la mort la plus atroce.

Plus tard, ces morts sans sépulture devaient avoir un dernier appel ; en face de leur nom, un mot : « Disparu »...

... Déjà une nuit de lutte farouche les a marqués.

Le Guillou, Pierrugue et douze tirailleurs sont dans le maquis aux environs immédiats de l'agglomération.

Pas question de bouger jusqu'à la nuit... Les Japs vont faire de la « récupération » ; le camouflage est de rigueur, dit le chef...

Le groupe recueille au fil des heures lourdes, trois fantassins du 9ème R.I.C. loqueteux avec un F.M. et un sac de grenades ; puis deux artilleurs, l'un presque éteint d'épuisement montrant une blessure au mollet. Le gars marchait péniblement et ce n'était pas marrant de penser qu'il fallait le trimbaler dans la retraite. Il n'était pas question de le laisser cependant... Pour l'heure aucun des rescapés ne songeait à raconter ce qu'il avait vu. Ils sont tous écrasés de fatigue et d'écœurement et le Fort Brière de Lisle fait entendre encore par instants les derniers coups d'une résistance sans espoir.

... Le soir venu, Le Guillou prend la tête de la petite colonne hétérogène qui commence à tâtons son calvaire. À côté du chef, est le « conméo » avec son F.M. ; en queue le « Père Tranquille » et Balin. Consignes : pas de feu... pas de bruit ! Attention aux embuscades.

… Au loin, la R.C. est sillonnée de camions japs pétaradant, balayant la brousse de furtifs faisceaux de lumières. Les hommes vont dans la nuit les yeux écarquillés. En file indienne, ils fixent le mouchoir blanc que chacun d'eux a attaché sur le dos de celui qui le précède. Ils ne voient que cela dans l'opacité de la nuit : un carré clair qui vacille… À l'aube, à l'heure où la mangrove, l'herbe à tigre et les ravins ont des yeux, ils se terrent. Ils sombrent dans un sommeil lourd, cependant que des guetteurs immobiles se relaient au faîte des arbres pour observer. Le Guillou avant de prendre son repos, regarde l'étape à parcourir, la « reconnaît » des yeux. Vieux broussard, il sait les pistes pour les avoir faites depuis cinq ans. Le « conméo », homme de ressources, part aux nouvelles. Le Guillou l'attend ! Ça va mal : les premières informations colportées de village en village, de piste en piste, sont celles de leurs compagnons de combat… Les soixante massacrés de Brière, derniers survivants du fort ; ceux de la sinistre pagode de Ky-Lua, ceux d'Ha-Giang, de Dong-Dang et d'autres lieux… Quelques noms de grands chefs : Lemonnier, Auphelle, Robert, Boery… Le Guillou ne donne ces renseignements qu'à Balin et Pierrugue… Un peu plus, à la chute des jours, l'énormité de leur solitude leur apparaît.

Des bandes pourchassent les Français, les massacrent sans pitié ou les ramènent aux Japs. Ceux-ci patrouillent, tendent des embuscades, achètent des complicités, paient les têtes des morts en piastres et les montrent parfois aux prisonniers. La frontière praticable est une fourmilière de massacreurs haineux et sadiques et de pillards.

Le Guillou, seul, regarde « ses » gars fourbus, sales, déchirés, hirsutes, diminués par les fièvres, par la faim, les plaies hideuses. À ne les voir que le jour, endormis, il lui paraît parfois qu'aucun d'entre eux ne vit… Que de la vie lointaine il ne reste que des songes sans fin, des fantômes, harassés, condamnés à poursuivre, à la nuit, une marche stupide.

Le Guillou n'est pas le seul cependant à avoir les yeux ouverts. Un blond en casquette claire, imberbe et racé, est assis à terre, le dos appuyé contre un arbre. Il est tout jeune, ses yeux ne sont marqués d'aucune tristesse.

Lentement, il a dépouillé un bout de canne à sucre de son écorce et la mordille par petits morceaux. Le Guillou, le sourire aux lèvres, s'approche et prend place à côté de lui :

- On déjeune !...

- Je festoie, s'il te plaît de partager mon repas, j'en suis au dessert !... Voilà le plat de résistance...

Et il tend à Le Guillou une cigarette... « une ration congrue ».

- Je sors de table... Mais je ne saurais te désobliger. Ce camping me donne une faim de loup !

Ils restèrent un moment sans rien dire, puis le chef avança :

- C'est tout ce que t'as comme galure ?

- Oui, mais c'est mieux que rien !

Et il montra un type de la Coloniale sans coiffure.

- Et c'est mieux que ça !

Du menton il désigna le casque troué d'un barbu dormant la bouche ouverte.

Le chef sourit :

- Ton nom ?

- Baris, aviation.

- Tu as une arme ?

L'aviateur montra :

- Une « Mast » et quelques chargeurs...

- Parfait... Précieux... Pas gaspiller les munitions !

- Comme de juste !

Le Guillou frappa sur l'épaule du sympathique jeunot et s'éloigna.

Un peu à l'aveuglette, la troupe se traînait vers le Haut-Tonkin. Elle se nourrissait comme des primitifs, de pousses de bambous, de cannes à sucre, de maïs et de manioc et c'était bombance, quand quelque bête leur procurait quelque viande.

Le gars blessé au mollet, à la plaie empuantie et grouillante, n'avait pu résister au spectacle qui s'était présenté à eux sur la piste : le cadavre avancé d'un Français affreusement mutilé. À demi-fou d'épuisement, de douleur et de fièvre, l'homme s'était jeté dans un ravin.

Parfois, une crise de désespoir s'emparait d'un fugitif à bout de force, la contagion était à craindre. Le Guillou, Pierrugue et Balin, par la douceur ou la violence, maintenaient le moral.

Les plus vaillants aidaient les plus faibles.

... Ici, un colonial, tête base, rêvasse tristement : « Ky-San-Fou », mine de rien, s'en approche :

- Tu penses à ta poule ?

- Non... À la « quille ».

- T'as pas l'air gai... T'es malade ?

- C'est toi qui es malade ! Y a pas de quoi rigoler... J'en ai marre !

- De quoi ?

- ... De quoi ? T'en as de bonnes ! De tout. Si ça continue, on n'aura plus que la peau.

- C'est déjà pas mal... Y en a qui l'ont plus !

- Peuh ! Pour ce qu'elle va devenir.

- Comment t'appelles-tu ? Moi j'suis « Ki-San-Fou »... Le « Père Tranquille ».

- T'as de la veine !

- Autrement dit Pierrugue.

- Je sais.

- Et toi ?

- Pierre.

- Pierre... Comment,

- Pierre... Comme Pierre.

- C'est pas un nom.

- C'est le mien.
- T'as pas la gueule de bien le porter ton nom... Pierre.
- Hein ! Pourquoi ?
- Je vais te dire : t'as l'air aussi dur qu'une lavette.

Pierre, surpris et en colère, se lève en s'aidant des mains.

- ... Non, mais des fois... Je vais te montrer...
- Te fatigue pas vieux frère, coupa Pierrugue en le faisant se rasseoir... Tu me plais... Tiens voilà un mégot... Un des derniers... Et si tu as besoin de quelque chose, fais-moi signe... Moi j'aime les durs !

Et « Ki-San-Fou » placide, rejoignit Le Guillou.

Pierre releva la tête... Ça allait mieux.

Là, un grand escogriffe vitupère contre un maigrichon hargneux dont les pieds meurtris sont enveloppés de loques sanguinolentes.

- Voilà un type que je me coltine de mamelon en mamelon... Monsieur se baguenaude sur mes épaules comme un veau sur une charrette... Il gueule. À la pause, au lieu de me la couler douce comme les copains, je lui apporte sa pitance. Monsieur est porté... Monsieur est servi... Monsieur n'est pas content... Il gueule encore, il gueule toujours... Crénom d'un chien, j'en ai assez !
- T'as qu'à me laisser choir que je te dis... Laisse-moi tomber... Moi aussi j'en ai assez de m'entendre engueuler comme un bon à rien, un jean-foutre parce que je ne peux plus marcher... Tu me le fais assez savoir. Tu crois que je ferais pas la même chose pour toi ?

Alors, l'autre détenu, se met à rire à l'idée baroque d'être porté, lui le grand diable, par une demi-portion. Au fond, il est un peu ému. Alors, d'un ton condescendant, il dit doucement :

- Allez, ça va miniature... Ferme-la et croûte...

Ce sont les inséparables, par la force des choses. Une étrange affection bourrue, à la vie à la mort, les lie depuis qu'ils sont des fugitifs. Le plus fort trouvera toujours l'énergie de déposer à l'étape « son barda », de lui donner à boire à son bidon, de partager son frugal repas. Il fait pour l'invalide ce qu'il ne ferait pas pour lui-même. Il ne l'abandonnera pas sur la piste que les Français se faisaient parfois dans la forêt épaisse; sans mot dire, il ne laissera à quiconque la charge de porter son compagnon de crête en crête, au demeurant personne ne cherche à lui disputer ce singulier privilège.

... Depuis des semaines, les mammouths de calcaire faisaient de grandes murailles sombres dans la nuit autour de la petite troupe. Il ne restait plus, avec les Européens exténués, que quatre tirailleurs... Puis, le « conméo » lui-même disparut. Seul maintenant demeurait comme indigène, un vieux soldat ratatiné comme une « bâ-gia »[1]. Le détachement, avec la disparition du « conméo » avait perdu son informateur. Le Guillou cependant en savait assez : une forte colonne française se battait en Haut Tonkin, vers la Rivière Noire; il essaiera d'y parvenir, plutôt que de tenter de franchir une frontière imperméable souvent à ces errants. Ils approchaient de la Région.

Les rescapés n'avançaient plus que par à-coups; les plus valides essayant de pousser les plus touchés. Malgré la vaillance du chef et de quelques autres, des malheureux se laissèrent mourir dans la jungle. Le Guillou se faisait plus circonspect au fur et à mesure qu'ils se rapprochaient du principal centre de résistance des Français. La veille, ils avaient entendu un ronronnement dans le ciel...

- Un « P-48 »

... Tous avaient suivi avec émotion l'évolution de l'avion dans le ciel bleu. L'engin avait piqué soudain du nez entre des montagnes lointaines. Un vague bruit de mitraillage était parvenu jusqu'à eux. Un frémissement avait parcouru alors le corps de ces êtres décharnés et Le Guillou avait souri.

---

(1) « bâ-gia » (vieille femme).

- S'il avait pu nous voir, dit un insensé.

Stimulés par l'événement, ils avaient marché autant qu'ils avaient pu. Nguyen-Van-The[1], profitant d'une pause, avait laissé s'éloigner les Français. Puis, d'un pas alerte, le mousqueton à la bretelle, il s'était engagé sans hésiter sur une piste montant vers les crêtes…

La nuit était claire, parsemée d'étoiles. Le moindre bruit se répercutait étrangement dans les hauts calcaires qui les enserraient dans une gorge étroite et touffue. Le Guillou fit passer l'ordre de camper. Il distribua le service de sécurité élémentaire et s'endormit pesamment à même le sol au milieu de ses compagnons. Les hommes, les yeux clos, l'arme attachée au poignet étaient immobiles, comme figés dans la nuit…

Rien ne bougea pendant longtemps… Puis quelque chose, une intuition peut-être, un trouble indéfinissable glissa soudain dans ce coin du monde, cet abîme atrocement isolé… Une bande de ciel se détachait entre les deux lignes de crêtes tourmentées…

… Pierrugue dormait… Pierrugue rêvait… Il rêvait :

… Un sampang lourd et pataud, chargé de misère, portant des êtres immobiles et debout fendait inexorablement les eaux lourdes et jaunes d'un arroyo muet serpentant entre des berges imprécises et obscures. Derrière celles-ci se dressait la forêt épaisse et maudite. Du haut des futaies gigantesques des voix sinistres disaient :

« Le Guillou… Pierrugue… Balin… Pierre, rendez-vous ou vous serez tous tués comme des chiens ! …

« Sergent !… Sergent !… » et, Pierrugue, encore sous l'influence du cauchemar, l'esprit à peine éveillé, le corps encore plongé dans la torpeur de ses visions, écouta :

---

(1) - Than matricule 4371

- Nguyen -Van-Ngoc : matricule 6253

- Nguyen-Van-The : matricule 3250

« Sergent!... Sergent!... » Cette voix tremblante et basse comme un appel à l'aide, il l'entendait... La réalité enchaînait la fiction. Puis, Pierrugue put bouger et parler :

- Hein!

- Ils « ont parlé »... « Ceux d'en haut! »

- Qui?

- Les « pirates »... les « Pirates » ... as-tu entendu ?

- Oui, j'ai entendu, répondit le sous-officier qui se ressaisit.

Les malheureux remuaient dans l'ombre.

- Ils savent où nous sommes.

- Ils vont nous achever.

Le Guillou s'était réveillé :

- Silence! dit-il calmement à mi-voix. Silence!

Le gars aux pieds enveloppés tremblait. Il s'était rapproché de son « ange gardien ». Celui-ci, quoiqu'impressionné, le rassura de son mieux :

- Ben quoi... Ils sont en haut... Ils ne nous voient pas.

Alors la voix du haut des calcaires reprit :

« Le Guillou... Vous et vos hommes serez tués, chiens de Français! » Et l'écho répétait les mots, les multipliait.

Quand le jour vint et, pas plus qu'à la nuit, les hommes ne virent ceux qui les traquaient... Ils avaient quitté la piste vulnérable... S'ouvrant un chemin au coupe-coupe dans la végétation luxuriante, ils cheminaient péniblement, tantôt couchés à plat ventre, tantôt courbés en deux. S'agrippant aux rochers, le visage et les mains en sang, ils se traînaient d'abri en abri; cependant que la voix les suivait d'en haut. Pendant de longues heures, coupées de repos, ils allèrent. La mort prenait son temps pour achever ces agonisants. Elle rôdait, ironique, cruelle, hors de portée, sans se montrer.

Dans cette nature aveuglée de couverts, des yeux de bourreaux les suivaient.

Un homme s'arrête, les bras ouverts :

- Je préfère me rendre... que ça finisse... Rendons-nous tous, par pitié.

Il n'était qu'une plaie, il tremblait de fièvre.

- Ferme-la ! lui répondit Pierre qui voulait le tirer vers les couverts.

Un coup de feu claqua, le délirant s'abattit face au sol.

- Allons les gars... Nous arrivons bientôt, dit Le Guillou pour ranimer les courages et parce qu'il sentait que c'était vrai.

« Le Guillou... Pierrugue... La voix infatigable, lancinante, cheminait avec eux. Des coups de feu isolés, sifflant au-dessus de leurs têtes, ne laissaient aucun répit aux fugitifs, les obligeaient à poursuivre leur avance par les voies les plus difficiles ; des hommes râlaient de fatigue et de peur. Les plus valides hissaient et tiraient les plus touchés.

- Ah ! Les salauds !

- J'aime pas ça ! dit Pierrugue à mi-voix en levant la tête... Si j'en voyais un seul... Un tout petit !

Le vieux Than vint à la hauteur de Balin et lui dit impassible :

- La voix... C'est Nguyen-Van-The !

Un temps s'écoula encore... Tout à coup, des commandements, des cris en Annamite partirent d'en haut. Presque aussitôt, un crépitement infernal se fit entendre. Le « P-48 », après avoir mitraillé les pirates, s'éloigna dans un bruit de fusée.

Le Guillou appela :

- Pierrugue... Balin... Pierre.. Baris, à moi, vite !

Les appelés rejoignirent le chef haletant :

- Attention ! Tenez-vous près de moi... S'il revient... Montrons-nous, attirons son attention... Tentons notre chance.

Le groupe de Le Guillou fit de grands gestes risquant le mitraillage par méprise. Aussitôt l'avion éloigné, ils plongèrent dans les buissons. Il était temps. Ceux d'en haut, surpris par leur tentative, lâchaient leurs rafales sur la piste. Seul Balin était touché, il avait le visage en sang. Le Guillou et Pierrugue s'empressèrent :

- Ce n'est rien… Le cuir chevelu ça saigne toujours beaucoup… C'est pas encore pour cette fois !

Il se laissa panser. Les cinq hommes supputaient leurs chances :

- Tu crois qu'il nous aura vus ?

- … C'était logique que le « P-48 » essayât de voir à quel ouvrage les salopards étaient occupés, dit le chef.

- … D'abord, il faut qu'il nous ait vus… Ensuite, qu'il puisse faire quelque chose pour nous.

- On verra… Ça valait le coup d'essayer…

… Maintenant, attention… Les salopards sont repérés, ils vont essayer de faire vite.

- S'ils pouvaient nous lâcher !

Personne n'osait y croire.

… Les hommes reprirent leur marche. Soudain, le défilé s'élargit. Cependant que bien devant eux s'étendait le flanc d'un mamelon dénudé montant vers un col étroit, la piste s'élargissait en terre-plein, limité à droite par un ravin, derrière lequel s'étendait, sur une pente, la lisière de mangrove. « Ceux d'en haut » savaient que Le Guillou, avec ses malheureux blessés et des hommes sans force, pourrait difficilement manœuvrer.

- Le Guillou, l'heure approche !

- C'est bien là qu'ils nous attendaient, dit un homme en se couchant. Moi, je dors, je ne bouge plus.

Le Guillou fit stopper ses hommes à la limite de la végétation… Il attendrait la nuit… Mais les massacreurs, repérés, d'une part par l'aviation et visiblement arrivés sur leur terrain, ne pouvaient plus se jouer de leurs victimes… Derrière eux, ceux-ci entendirent la chute d'arbres :

- Ils coupent la piste !
- Tant pis, qu'on en finisse !
- La souricière...
- Silence ! imposa Le Guillou... Dispositions de combat !

Ces ordres parurent dérisoires à quelques-uns qui ricanèrent amèrement. Avec l'aide des plus énergiques; chaque homme ayant une arme eut son poste... Puis, ils attendirent... Soudain, un vacarme infernal partit de la hauteur. Des rochers poussés vers la gorge déboulaient avec fracas.

- Serrez sur le talus, dit la voix mesurée de Le Guillou. Mais l'avalanche délogea quelques hommes, des rafales les cueillirent. Plusieurs d'entre eux s'écroulèrent, un artilleur demeura écrasé sous une pierre... Les Français ne voyaient rien, la sueur dégouttait de leurs visages émaciés, crispés, haletant d'horreur et d'impuissance.

- J'aime pas ça, répéta Pierrugue en fouillant la végétation accrochée sur le flanc moins abrupt...

Soudain, il met en joue et tire. Il pousse un cri de joie :

- Et d'un !

Le corps d'un rebelle roula à quelques pas de lui, il portait l'équipement d'un tirailleur.

Le hallier recouvrant la pente était animé par endroits : l'ennemi se rapprochait des survivants.

- Ça foisonne dans le coin, Baris ramène-toi, s'écrie le « Père Tranquille » en ne quittant pas son poste d'observation.

Le blondinet en casquette blanche bondit, sa « Mast » à la main et « vlan ! », il arrose à découvert; ses yeux riaient. Les aviateurs ne savent pas se battre à terre ! Le jeunot se détachait dans le décor comme une cible à un exercice de tir à blanc. Sa rafale partit, il eut le temps d'entendre des cris de douleur et de voir deux salopards piquer du nez vers lui... Et il s'affaissa lui-même, la tempe trouée... Pierrugue s'empara vivement de l'arme automatique, engagea un chargeur et prit soigneusement son objectif avant de « cracher » les siffleuses sur les chacals.

Hormis ceux qui ne pouvaient se battre et que rien ne pouvait dès lors faire sortir de leur tragique résignation, les survivants faisaient leur ouvrage au jugé. La lutte était par trop inégale. L'ennemi se plaçait visiblement pour un assaut auquel succomberait le groupe famélique. Le Guillou ne perdait pas son temps ; depuis quelques instants, il fouinait vers le ravin. Il héla Pierrugue. Celui-ci jeta un coup d'œil vers le chef. Mais soudain, comme mû par un ressort, Le Guillou se dressa avant de choir sur le dos. Pierrugue étouffa une exclamation. Son premier geste fut de se porter au secours du chef, mais il lui fallait demeurer à son poste.

De la crête, les rebelles tiraillaient sur les Français camouflés, cependant que des hommes en file indienne descendaient sous le couvert. La résistance des morts-vivants et la présence d'une arme automatique les avaient surpris. D'autre part, le passage du « P-48 » les inquiétait, au voisinage des avant-postes de la colonne Sabatier.

Le chef rebelle, intellectuel élégant du delta, voulait faire vite pour s'éloigner avant la nuit des lignes françaises. Il savait fort bien que dans l'autre vallée, derrière le col, circulaient des reconnaissances du 5ème étranger et il n'était pas dans ses intentions de se frotter à un détachement organisé. Cela était le travail des Japs.

Soudain, un vrombissement de moteur grandissant jeta la panique parmi la meute ; ceux de la crête courraient aux abris de fortune, certains crurent trouver le salut dans la fuite. Mais, presque aussitôt, quatre « P-41 » apparurent et, l'un après l'autre, ils « peignèrent » le terrain de leur mitraille.

Le « conméo », un des premiers atteints, s'abattit sans un cri. Le petit groupe des Français, autour de Pierrugue et Balin, profitant de cet appui miraculeux, tirait sans discontinuer dans le hallier mouvant, ajoutant encore à la peur qui saisissait aux entrailles les bandits. Pierrugue, déchaîné, vida posément les chargeurs de la « Mast ». Il risquait le « paquet » !

Et soudain, devant l'étendue de leurs pertes, les rebelles affolés, pris entre les feux tombant sur les crêtes et celui de la gorge, coururent de tous côtés comme des volailles à qui on aurait mal tordu le cou. Pierrugue, debout, arrosait les chacals débusqués. Il leur faisait payer leurs souffrances, leurs morts, leurs angoisses. Quelqu'un tomba non loin de lui. Il jeta un coup d'œil furtif : c'était le fidèle Than qui, maintenant, semblait dormir, la tête appuyée à un rocher.

Les rebelles abandonnant leurs morts, avaient disparu. Les « P-41 » étaient retournés à leur base : un aérodrome dans la région de Namta Muong Sin.

Le jour déclinait. Pierrugue rassembla ses hommes. Il fallait profiter du répit. Ils firent, avant de s'éloigner, une tombelle de pierres et de branches à leurs compagnons morts ; Le Guillou dormait maintenant entre Than et Baris.

Le rude Pierrugue, les yeux remplis de larmes, se signa puis, il prit la tête de l'étrange cortège qui, lentement, montait dans le crépuscule vers le col.

Le lendemain, ils étaient recueillis par les gars de la légion en patrouille.

VOILÀ LECLERC !

19 mars 1946 : Hanoï

J'ai assisté le 23 novembre, comme beaucoup d'anciens, à la messe solennelle célébrée en l'église Sainte-Anne, à la mémoire d'un des chefs les plus prestigieux de la deuxième guerre mondiale : le Maréchal Leclerc.

Au sermon, évoquant la grande figure du disparu, le prédicateur, en quelques mots, mentionna les étapes de son ascension vers la gloire : Koufra, l'épopée du Tchad, Alençon, Paris, Strasbourg. À mon esprit, aussitôt, s'inscrivait un autre nom, le dernier : Hanoï.

Celui qui a vécu en Indochine du 9 mars 1945 à l'arrivée de Leclerc, se souviendra qu'avec lui, c'était la France lointaine qui arrivait au secours de ses enfants décimés, désarmés, menacés d'une extermination certaine par les bandes armées descendues des Hautes Régions, ouvertement encouragées par les troupes chinoises, nos « alliés », auxquelles s'ajoutaient certains éléments japonais par un paradoxal, mais bien asiatique retournement...

... Le 18 mars 1946 branle-bas à la Citadelle d'Hanoï :

« Demain, le Général Leclerc arrive ! »

Pour du service, c'était du service : tout le monde en était ! Les uns astiquaient leurs godasses avec ce qu'ils pouvaient et les autres leurs fusils, camouflés aux Japs avec le baroud du 9 mars. Dame, il fallait parer à tout ! D'un côté, il fallait recevoir Leclerc : coudre nos vieilles fringues et lustrer nos cuirs fatigués, et puis, il fallait penser un tantinet à ceux qui pouvaient ne plus vouloir que nous recevions Leclerc dans la capitale tonkinoise.

Le lendemain, dès le réveil, nous étions fin prêts. En ce qui me concerne, je reçus un petit drapeau français, pas plus grand qu'un mouchoir de poche. J'étais du « jalonnement » qui devait indiquer à la colonne, l'itinéraire à suivre en Hanoï.

Par un simple jeu de désignation de service, j'étais au pont Paul-Doumer. Je traversais la ville avec les copains qui se fixaient au point qui leur était assigné au fur et à mesure que nous avancions. La ville vibrait en dedans. Peu d'Européens dans les rues encore muettes. Par contre, les postes chinois s'étaient multipliés aux carrefours et avaient doublé leurs effectifs. Une sentinelle, baïonnette au canon, interdisait les trottoirs de place en place. Quelques drapeaux chinois, des drapeaux Viets et pas un drapeau français… Sauf les nôtres, mais si petits ! La ville était sur un baril de poudre.

J'attendis bien trois heures les premiers engins de la colonne Leclerc. Soudain, arriva un motard, puis un autre… Une jeep : c'était Leclerc. Il était 14 heures. Comme une traînée de poudre, la nouvelle se répandit par la ville. Alors, des fenêtres, des toits, des drapeaux magnifiques se levèrent claquant au vent. La foule, des enfants, des femmes, des civils fixés sur la rue Paul-Bert jusqu'à la Citadelle, concentrait sa joie.

Une a.m. [1] qui s'était mise en travers du pont, immobilisa la colonne.

Enfin, elle arriva. Il y avait des représentants de toutes les unités les plus brillantes de la vieille D.B. : régiments de marche des spahis marocains, 501ème de chars de combat, régiment de marche du Tchad, 2ème chasseurs, 12ème cuir et aussi, les ambulances pilotées par les extraordinaires rochambelles, dont une portait en trophée un poteau : « Berchtesgaden – 3 km ».

Le défilé devait durer jusqu'à 6 heures du soir. Le dernier élément à passer fut un escadron de chars légers commandé

---

(1) auto-mitrailleuse.

par le premier officier français à entrer dans Paris le soir du 25 août 1944.

L'arrivée des premiers véhicules vers le centre de la ville déclencha la ruée des enfants qui couraient au-devant des chars, des jeeps, des half-tracks ; les gars basanés, à la peau moite sur laquelle s'était collée la poussière blanche de la route, happaient « leurs » gosses comme des fleurs dont ils ornaient leurs engins et, ces grappes roulantes et grondantes ignoraient les postes chinois.

Les beaux agents « Viets », chargés de « faire circuler » s'étaient volatilisés devant ce soulèvement : « Ce ne fut pas mieux à Paris » disaient de nombreux anciens de la 2e D.B.

Et, dominant de son calme souriant ce délire qu'il avait suscité, était Leclerc, le libérateur au plus pur visage de légende.

LE RETOUR

Magnifique sera la campagne qui connaît l'hiver blanc sur lequel se reflète, à la chute des jours, le vieil or des lumières.

Ce n'est pas un pays mort, celui de la veillée givrée de Noël rayonnant de pureté et de recueillement voué, au foyer mystique où l'Enfant est roi. En capuchon d'hermine, à demi-assoupi dans le prodigieux songe brumal, le clocher, autour duquel se pelotonnent les rudes murs campagnards, a des appels sans écho.

Attirées par le parfum d'encens de la petite église aux vantaux ouverts, des silhouettes emmitouflées, murmurant de plaisir, franchissent à la nuit le porche antique dont le parvis réfléchit, en fanal multiple, les chauds luminaires de la nef.

Les chants allègres de la Nativité et l'organe solennel des orgues, évoquent l'adoration des humbles et des rois.

Dans cette harmonie, les bambins aux yeux clairs ignorent tout ce qui n'est pas, à la fois, légende et vérité.

La nature ne renonce pas, elle sommeille. De ses doigts gourds de froidure, elle présente sur ses chênes sacrés le gui celtique au premier jour de l'an neuf. Déjà, sous la mante poudreuse, la gracieuse Flore prépare son lever.

Les semaines se succédant, le paysage opère ses métamorphoses. Le ciel s'est dégagé et une féerie en rose et bleu irradie sur les neiges tassées. Les cours d'eau, aveuglés par les glaces, mélodient tout bas et leur miroir, bientôt mouvant, coule limpide entre les paupières mi-closes et marmoréennes de leurs bords.

Presque subitement, la fonte des neiges engrosse les talwegs et, en cascatelles tumultueuses et capricantes, les torrents déboulent dans la vallée devant le printemps impatient. Les brumes se dissipant, le village se découvre et s'identifie. Issy-sur-Vèvre, s'anime et secoue l'engourdissement d'une saison qui s'enfuit en grondant dans les forêts soulevées par le vent magistral. Les toits rutilent sous le luisant soleil d'avril. Dans un enclos, un tintement de sonnailles s'essaye timidement. Un meuglement lourd s'étale dans une cavée.

Issy-sur-Vèvre est à cheval sur un vallon aux pentes lentes et unies que dominent des collines, tapissées par les damiers inégaux des champs et des prairies. Le panorama s'incurve en son milieu sur une rivière qui la baigne, la Vèvre.

Le village est semblable à beaucoup d'autres avec son maire jovial, son curé indulgent, ses commères affamées de ragots minuscules : une communauté élémentaire se hiérarchisant par atavisme; jalouse de son particularisme, de ses amitiés sans effusion et de ses rancunes tenaces, généralement inavouées.

Sur cette agglomération, que rien en apparence ne singularisait, un drame sourd et latent pesait depuis bientôt cinq ans et chacun s'accordait à prophétiser son dénouement tragique chez les Mauvel.

Jacques Mauvel avait alors disparu brusquement, entraînant avec lui, la promise de son frère Lucien, la trop jolie Gabrielle. Depuis, Lucien n'avait plus prononcé le nom des absents.

Terrien, il l'était dans son mutisme aride et obstiné, derrière lequel il mûrissait sa vengeance.

Sa mère, vieille femme humble et triste, que la faute de l'aîné partageait secrètement, se soumettait passivement à son silence.

Sous leur toit, maintenant sans bonheur, rôdaient les fantômes du passé. Lucien travaillait plus dur, comme si dans le sol qu'il défonçait à la charrue, il enfouissait le trop plein de sa haine. Bon nombre de villageois, qui n'osaient l'aborder, l'avaient surpris maintes fois soliloquant.

Les plus jeunes disaient alors en riant :

« Le Mauvel fait parler la terre ! »

Parfois, de longs moments durant, il s'immobilisait en pleine tâche, défiant dans l'avenir, au-delà l'horizon, les coupables qui, dans l'espoir d'un facile pardon, reviendraient, peut-être, recevoir l'implacable châtiment.

Le cœur de la mère saignait... Naguère, elle avait deux fils qui réchauffaient sa vieillesse ; deux beaux gars qui étaient son orgueil. Jacques, son préféré, était intelligent et, ainsi qu'il l'avait ambitionné, avait poursuivi de coûteuses et profitables études. Dès qu'il eut obtenu ses diplômes d'ingénieur, il habita la ville, dont il s'absentait occasionnellement pour séjourner à la ferme natale.

L'entente entre les deux garçons était parfaite. L'ingénieur avait abandonné tous ses droits de propriété à Issy-sur-Vèvre ; aucune question d'intérêt n'aurait pu altérer leur affection.

Il y avait bientôt cinq ans de cela, Jacques, de passage à Issy, fut présenté à Gabrielle. Le jeune Mauvel, que rien n'aurait distrait de ses travaux rustiques, les laissait souvent seuls.

La vieille femme se remémorait parfois sa détresse quand Lucien, fatigué du labour, réapparut ce jour-là, sur le midi, dans l'encadrement de la porte.

Elle était consternée devant lui, chétive, les bras ballants dans la salle vide. Le regard de l'homme, après s'être promené dans la pièce, pesa en interrogation sur celui de l'« ancienne » :

- Quand je suis revenue de la buée, ils nous avaient quittés... Ils ont emporté leurs affaires... Ils n'ont rien laissé !

Elle avait annoncé cela comme pour s'excuser de ne pas en savoir davantage, puis elle se tut.

Sceptique, il avait souri pour la dernière fois :

- C'est une blague !

Elle n'avait rien ajouté. Alors, il avait poussé d'un geste lent et machinal le loquet de la porte et déposé sa veste à côtes de velours sur la table. Puis, ils avaient attendu. Ils restèrent ainsi sans manger, oubliant jusqu'à l'ouvrage le plus indispensable.

Lui, était auprès du feu crépitant, les mains sur les genoux, les prunelles dilatées sur son malheur. Elle lui avait alors parlé très longtemps avec affection. Il ne l'avait pas interrompue, il n'avait pas bronché, avait-il seulement écouté ?

Soudain, il avait senti derrière lui s'appesantir sur ses épaules, le crépuscule du soir. Les traits durcis, d'une voix âpre et étrange, qui devait être la sienne depuis, il ordonna brièvement :

- Prépare la table... Je vais soigner les bêtes.

La vie reprenait, mais la fermière ne se hasarda plus à entretenir Lucien de son frère et de Gabrielle... Elle n'avait plus de fils ; l'un avait disparu, l'autre s'était replié sur son âme maintenant étrangère. Elle aurait voulu se dévouer pour celui-ci qui souffrait, mais il s'était durci un peu plus dans son isolement stérile.

... Le printemps avait ramené les beaux jours ; la ferme avait rouvert ses portes et les laboureurs s'étaient emparés des champs.

Ce matin-là, Lucien était à réparer la clôture de sa prairie. La mère vaquait dans sa cuisine et au poulailler, quand une voisine toqua familièrement à la fenêtre. La Mauvel était hypnotisée par le rectangle de papier blanc qui lui était tendu.

Elle n'attendait qu'une lettre. Elle l'avait espérée si longtemps qu'elle n'y avait plus cru. Elle s'essuya lentement les mains de son tablier noir :

- Mon Dieu, est-ce possible?

- Et oui, c'est du Jacques... Il me l'a envoyée à moi à cause de Lucien... Il doit se faire une raison Lucien... On ne perd pas un frère pour une femme!

Elle n'avait pas répondu. S'étant emparée de l'enveloppe, elle s'enferma chez elle, comme une avare.

Et, soudain, plus fragile et plus faible, elle s'assit. L'événement pour elle était énorme : il la dépassait. Elle n'éprouva d'abord aucun sentiment précis mais un vertige indéfinissable. Trémulant des doigts, elle fixa un instant le papier posé sur elle. Puis, fébrilement, elle déchira maladroitement l'enveloppe et lut en sautant les mots pour aller plus vite, pour savoir si un mot ne l'arrêterait pas.

Elle ne comprit rien d'abord au travers du nuage de ses tourments interminables... Mais le manuscrit était bien de son grand... Il était vivant!

... Puis, elle relut avec attention.

Jacques lui demandait de le rejoindre le lendemain à la nuit tombante au « chalet », baraque que la famille possédait en dehors d'Issy-sur-Vèvre, au bord de la rivière, non loin de la routc bitumée.

Demain!... Demain!... Elle verra son Jacques et la « fille » pour laquelle il avait tout abandonné de son enfance... Et Lucien, à la ferme, sera tout près d'eux, avec toute sa rancœur!

L'anxiété des dernières heures était plus cruelle que la morne attente de la séparation et de l'inconnu.

Lucien vivait tellement de sa peine que celle-ci la possédait en entier. La moindre maladresse de la paysanne la trahirait. Celle-ci avait peur... Elle eut souhaité presque que Jacques ne se montrât plus. S'étant agenouillée sur un prie-Dieu, devant le vieux crucifix de bronze, elle se mit en prières. Quand elle releva la tête, Lucien était debout, à ses côtés... La lettre!... Qu'avait-elle fait de la lettre? Instinctivement, elle la palpa sur sa poitrine... Elle était bien là, invisible et brûlante.

- Je ne t'ai pas entendu entrer… Tu m'as fait peur, dit-elle pour expliquer son geste.

Immobile, Lucien l'observait avec surprise. Ils se mirent à table, mais quand elle lui versa son potage, elle tremblait.

Alors, il l'interpella, soupçonneux :

- Qu'as-tu donc ?

- Rien… Rien…

- Vois-tu tes mains ? Elles ne peuvent tenir la louche.

- Je suis bien vieille, mon gars, bien vieille !

Il n'insista pas mais la suivait à la dérobée. Elle était au supplice devant cet homme taciturne aux aguets.

S'étant hâtée dans son ménage, elle se retira dans sa chambre plus tôt qu'à son habitude. Lucien, seul, avança son tabouret près de l'âtre qu'il alimenta d'un margotin de bois mort.

L'attitude de l'« ancienne » l'intriguait… Rien, à vrai dire, n'était susceptible de rompre leur vie immuable, si ce n'était « son » affaire… Pourquoi serait-elle agitée pour une autre cause ?… Une tempête subite soulevait leur existence dormante, limitée aux plates sujétions journalières. Une expression fugitive de colère passa sur le visage de Mauvel aux traits accusés et fortement éclairé par le feu. Il frotta une dernière fois ses mains puissantes et calleuses au-dessus de la flamme, puis se remit sur pieds. Par l'entrebâillement de la porte, il épia la vieille femme en prières devant le Christ. Le visage parcheminé de celle-ci était transfiguré par la ferveur, la joie et l'angoisse. Ce fut pour l'homme une éclatante révélation : il avait pensé juste. Il eut alors la tentation soudaine de contraindre sa mère à lui dire son secret. La ruse le fit reculer et, aussi furtivement qu'il était venu, il s'en fut se coucher.

La matinée fut sans incident. La mère et le fils se surveillaient avec méfiance. Après le repas de midi qui se déroula sans qu'une parole ne fût échangée, Lucien annonça, en enfilant sa veste.

- J'emmène le bétail à la prairie. J'irai ensuite au maréchal-ferrant avec la « Grise ».

- Va, mais ce soir j'serai point là. La Françoise m'a demandé et au retour je m'arrêterai à l'église. Je rentrerai sur le tard… Tu réchaufferas bien la soupe, pas ?

- Bon !

Il lui tournait le dos pour lui cacher sa mauvaise joie. À petits pas pressés, elle le suivit dans le couloir étroit. Il la devinait inquiète derrière lui. Nonchalamment, il décrocha son fusil, manœuvra posément la culasse et jeta un coup d'œil dans le canon ; ayant choisi quelques cartouches, il mit son arme à la bretelle. Elle s'émut :

- Tu emportes ton fusil ?

- Tu le vois !

Il demeurait placide.

- Pourquoi ?

- C'est-y une question ! railla-t-il. Pour chasser, pardi ! Il y a du gibier dans la campagne.

- Quel gibier ? persista-t-elle.

- Un gibier d'importance, sournois et malfaisant.

- Lequel ?

Elle avait posé ses doigts noueux sur le bras de son fils. Il se dégagea sans impatience :

- Tu le verras bien !

Perplexe et saturée d'angoisse, elle s'adossa un instant contre le mur :

- Que dois-je faire ?

Lucien avait sorti le troupeau et, accompagné de son chien, il enfila le sentier débouchant à la prairie située sur une hauteur hors de l'agglomération. Quand il y fut, il se posta de manière à voir la ferme.

Durant de longues heures, avec obstination, son fusil couché sur l'herbe, il ne détourna pas son attention. Se serait-il trompé ?

Soudain, dans la splendeur du crépuscule immobile qui tombait, il distingua encore une forme noire et fragile, lointaine, qui hésita quelques secondes au seuil de la maison... Sa mère ! Il se contracta... La vieille femme avait son panier au bras et la tête recouverte du capulet. Le paysan fronça les sourcils :

- Elle ne prend pas le chemin de la Françoise !

Il eut un ricanement de jubilation et se leva d'un bond :

- Elle va vers la rivière... Au chalet !

Il triomphait. Chassant les bêtes devant lui, il rebroussa chemin. Sans hâte, il rentra le troupeau, y étendit le soutrage en litière. Ayant minutieusement refermé l'étable, il enleva ses sabots qu'il rangea devant l'habitation. Alors, à son tour, avec son chien, il emprunta le sentier menant au chalet.

Il faisait nuit quand il arriva aux abords de la baraque. Elle était éclairée.

Les nerfs tendus, il s'approcha de la fenêtre. Pour mieux voir furtivement à l'intérieur, il se souleva avec précaution.

« Il » n'était pas encore là. La mère seule s'affairait autour d'une table sommairement dressée. « Il » allait venir et avec « Elle »... La paysanne avait disposé trois couverts et porté quelques victuailles... Il les tiendrait tous les deux. Prudemment, il recula dans l'ombre et se tapit derrière un buisson.

Hormis le bruissement intermittent du vent dans les feuillages et la rumeur confuse de la rivière proche, rien ne troubla la sérénité grave de la nuit durant de pesantes minutes. Brusquement, le vrombissement d'un moteur sur la route s'amplifia, apportant une passagère perturbation dans cette symphonie. Un long faisceau lumineux balaya fugitivement le « chalet », puis le bruit s'évanouit sans décroître.

Le paysan était transporté par un sentiment intense, indescriptible. S'étant baissé à croupetons, il empoigna le fusil et l'approvisionna d'une cartouche.

Son chien, ainsi qu'à l'affût, pointa ses oreilles et allongea son museau sur les pattes en grognant. Lucien lui donna un coup sec sur la tête pour le faire taire ; il gémit.

Après un lourd moment d'attente, l'homme perçut des pas, puis des voix. Un genou à terre, il épaula son arme et visa au jugé une des deux ombres issues de l'obscurité moins opaque :

- J'ai peur ! balbutia une femme.

- Allons, chérie, je suis là... Nous serons plus heureux après !

Tendrement, Jacques Mauvel enlaça sa compagne.

Frémissant de rage, la gorge sèche, Lucien abaissa son arme :

- Tout à l'heure... En pleine lumière !

Le couple pénétra dans la baraque. Alors Lucien Mauvel, le fusil en main droite, se glissa à nouveau vers la fenêtre. Il entendait, assourdis, les sanglots de sa mère et sa voix entrecoupée. Il se haussa encore jusqu'à la vitre. Il voulait les entendre d'abord pour les abattre ensuite. Des bribes de phrases lui parvenaient :

- Pourquoi cette fuite, mes enfants ?

- C'était un gros nuage sur notre bonheur...

- Nous sommes venus te demander pardon ainsi qu'à Lucien.

Le paysan eut une grimace de mépris amer ; la fermière effrayée avait sursauté :

- À Lucien ? Jamais ! Il ne vous pardonnera jamais.

Et hochant la tête, elle ajouta plus bas :

- Depuis votre départ, il paraît vous attendre... Vous ne saurez jamais le mal que vous avez fait !

Épuisée, elle s'était assise et le couple l'entourait avec sollicitude.

Lucien sentait fondre peu à peu cette terrible tension condensée depuis si longtemps en lui. Cinq ans s'étaient passés ! Cinq ans il avait vécu avec la dernière image qu'il avait gardée des deux disparus, avec sa haine du premier jour.

Il contemplait Gabrielle dont la beauté, moins délicate, s'était affermie. Jacques, son frère, qu'il avait tant aimé aussi, n'avait guère changé.

Machinalement, le paysan déposa son fusil contre la porte close et, les deux mains reposant sur l'appui de la fenêtre, il regardait avec avidité.

- Mère… Je veux revoir Lucien quand même… C'est mon frère.

- Non… Non, je te le défends… Par amour pour moi, pitié pour mon pauvre cœur si usé… Ne cherche pas à le rencontrer !

Et l'« ancienne », les mains jointes de lassitude sur ses genoux, eut des yeux suppliants pour son aîné.

Le chien de Lucien, rôdant autour de son maître, heurta le fusil qui glissa sur la marche de l'escalier en pierre. Le bruit métallique terrifia la mère qui se leva précipitamment :

- Il a pris son fusil cet après-midi, prévint-elle épouvantée.

Jacques, qui avait blêmi, s'était résolument placé devant les deux femmes. Leurs yeux étaient fixés sur l'entrée.

Lucien, comme éveillé d'un songe, poussa doucement la porte et demeura sur le seuil où sa haute stature se détachait.

Un instant immobile, il passa lentement dans son regard chacun des trois personnages figés de terreur.

De grosses larmes roulaient sur ses joues basanées. Alors, un sourire trembla sur ses lèvres et, les yeux dans ceux de son frère, il dit en lui ouvrant les bras :

- Allons, Jacques, viens m'embrasser !

CONTE

« LES PÉNITENTES ET LE NONNAIN »

Venise somptueuse et ardente a toujours fasciné les pérégrins ventrus de la galette, allant à sa découverte à leurs risques de fortune et périls en tous genres, jusqu'à en perdre subitement la vie sans épitaphe. Elle fut, à l'époque de sa plus grande splendeur, une rivale triomphante des autres cités de la péninsule et, notamment, de Bergame.

Dans cette ville-ci, d'habiles artisans façonnaient d'austères ceintures, scellant la fidélité supposée chancelante des dames de seigneurs partant guerroyer ou de navigateurs cossus allant collecter leurs richesses et exporter leurs produits. Leurs épouses alanguies avaient, dès lors, licence de déambuler par les voies et chemins d'un euphémique cœur ardent et du pied froid des vertus barrées.

Venise souveraine, plus voluptueuse, plus mercantile et industrieuse, était réputée pour ses artisans orfèvres, maroquiniers, bijoutiers et verriers. Elle ciselait manches de dagues effilées, distillait poisons et parfums violents, brochait tentures et faisait fort délicatement des masques de velours ; ceux-ci dissimulaient de fins minois et quelques autres plus ingrats des nobles dames et des plus raffinées catins. Les unes et les autres ne s'en départissaient guère quand elles dévoilaient à leurs amants de choix ce que la bergamasque interdit.

Derrière les draperies de leur isoloir, sur des coussins orientaux moelleux et les soieries de leur gondole silencieuse, elles se laissaient besogner du premier baiser en prélude jusqu'à l'ultime chatterie. Les légers transports oblongs fendaient sans hâte et sans heurt les eaux lourdes des canaux. De tout temps, il est dit qu'il y avait plus de galants occis dans les fonds limoneux, chargés d'immondices, qu'en surface ; joutant voluptueusement dans les réduits discrets, accompagnés de la lascive barcarolle d'un gondolier enchanteur et inspiré, coiffé de son bonnet bleu, blanc, gris, au rythme de son aviron.

Dans cette cité renommée pour son libertinage de qualité, barbotait dans l'abondance une dame qui tint une place remarquable parmi les courtisanes et la haute société. Elle méritait alors cette distinction pour sa grande beauté et son savoir-faire. Force nous est de convenir qu'à visage découvert, elle se confondait aux dames de la société la plus huppée. De fières patriciennes se révélaient sans le masque de luxurieuses pécheresses, et les catins les plus recherchées, de grandes dames aussi bagasses les unes que les autres. En hommage, les unes recevaient des bijoux fabuleux de fine orfèvrerie et les autres des ducats en salaire. Les bijoux se transmutaient aisément en ducats et vice-versa. Cela ajoutait encore à la confusion de la qualité des dames. D'autant plus que les notables ne balançaient guère d'aller des unes aux autres.

Notre prostituée de luxe, le corps relâché d'avoir servi abusivement dans la galanterie pour le plaisir d'autrui et le revenant-bon, la peau fripée par les baisers les plus voraces et les palpations sans délicatesses, les fards les plus lourds, à la manière des théâtreuses, et l'altération de l'âge, se surprit avec terreur que les ducats gonflaient de moins en moins son escarcelle quotidienne.

Elle paya davantage de sa personne avec des chalands de moindre importance. Comble de disgrâce, le ducat au bout des doigts, elle s'offrit de brèves relations avec de jeunes garçons exigeants, non seulement pour entretenir la flamme, mais plus encore dans l'espoir chimérique qu'un peu de leur vigoureuse jouvence la réhabilite de quelques années. L'élixir fut sans effet.

Elle encourait la déchéance en glissant dans cette voie pour rejoindre les épaves de la profession.

Au surplus, elle se rendit à l'évidence que le regard des mâles se portait de plus en plus sur sa fille dont l'incarnate fleur de la puberté était close.

Barattant jusqu'aux vapeurs son humiliation, elle fut contrainte d'admettre son cruel étiolement qu'aucun artifice ne pouvait plus leurrer.

Jadis, elle disait : « vivement demain ! »

À son jourd'hui, elle murmurait : « hélas ! encore un jour… »

Elle jouit des années durant de sa jeunesse sans s'en soucier au bel âge. Elle en eut du tourment quand elle fut dépouillée. Mais, cela est bien humain chez les personnes du sexe et aussi des mâles branlant du chef.

De surcroît, exagérant la chose, elle s'alarma des pièges dans lesquels pouvait trébucher sa virginale fille dans cette grouillante ville de perdition.

Mentalement, elle remontait le temps - sans que cela lui effaçât la moindre ride au coin des yeux - en prenant totalement en main la jeunesse de sa progéniture dans le désir second de se laver spirituellement de ses propres souillures innombrable. Elle aurait voulu avoir le magique pouvoir de se confondre en elle et partager sa beauté, sa jeunesse et sa vertu… et épargner sa fortune « qui n'avait pas d'odeur »[1]. Elle joignait l'inconcevable à l'impudence.

Pourvue de bon argent et de joyaux, sans qu'elle eût à y mettre beaucoup de tête, elle conçut le vaillant projet d'émigrer en Provence. Certains voyageurs complaisants - qui la repassèrent sur recommandation - lui en firent de dithyrambiques relations. Elle s'efforça de se convaincre que l'air salin des lagunes et les émanations méphitiques des canaux étaient mauvais et échauffaient les humeurs malignes pervertissant le sang.

---

(1) Référence à Vespasien.

Mais, elle portait déjà bien ancrée en elle, la nostalgie de la Basilique Saint-Marc, la place des Doges, le Campanile, les palais et autres merveilles de la cité. Les pigeons familiers, les seuls qui ne pussent se plumer, ne pouvaient s'oublier.

Ayant fait le choix d'Avignon, Cité des Papes, elle se résigna à l'expédition aventureuse pour préserver sa fille élevée dévotement et témoignage unique de son éblouissant temps glorieux. Personne ne tirerait sur sa robe pour la retenir. Elle aspirait, de surcroît, à maturité avancée pour l'époque, à une retraite respectable et dorée. Elle imaginait déjà quelle vie sera la sienne. Elle pourra aller et venir à visage découvert par tous les temps et à toutes les heures. Elle ne sera pas poursuivie par la mauvaise renommée qui harcèle déraisonnablement les filles qui dispensent la joie, par ceux-là même souvent qui les sollicitent, et plus encore par les consœurs courtisanes qui l'enviaient pour la qualité et la fortune de ses galants. La trompette de cette perfide réputation la démasquant, ira diminuendo au-dessus des lagunes, des îles jusqu'au Lido, et encore au-dessus des eaux lourdes du Canal Grande, et puis encore dans les voiles gonflées des nefs voguant le vent en poupe. Si quelque écho tenace s'accrochait à sa route, il expirerait à la barrière de l'Alpe.

L'ancienne belle de nuit et de jour ayant trop vécu de son ego, n'était pas consciente qu'une renommée, dans son état, s'évapore quand d'autres générations de grues montantes s'établissent hardiment. Les amours, dont la mémoire se perpétue, sont celles de la mythologie et des légendes peu communes et aussi celles de pure création superbe d'hommes illustres…

La dame de Venise mit d'ores et déjà un fermoir délicat à ses travaux vénériens. Elle s'absentait de ses amants et rivales de son temps, draguant encore misérablement, quelque ducat pour leur pitance, du gousset d'un quidam de basse extraction.

Elle détournait les yeux de ses cadettes en plein tourbillon de fructueuses aubaines et plongées, comme elle le fut, dans les jeux et les rires. Elle n'aura plus à déguiser les signes avant-coureurs de son automne s'effeuillant.

Si ce n'était le fruit virginal de sa chair, nous aurions pu supposer qu'elle eût sacrifié à la pratique, non surannée, de coiffer la guimpe religieuse à laquelle se vouent rarement aujourd'hui des dames encore illustres. Elles vont à pas feutrés, soumises à la prière, aux mortifications expiatoires et aux travaux domestiques, les mains reluisantes. Elle eût trouvé, cloîtrés, ainsi qu'elle, de frais minois souriants, épouses de Dieu, appelées à son service par vocation originelle, sans l'ombre d'une rivalité de générations.

Les personnes sur le décours de leur existence, dépassionnées, sensuellement diminuées, acquièrent plus aisément la faculté salvatrice des vertus accessibles. C'est ainsi qu'après avoir été dépouillée de ses plus fermes appas rentables, elle prendrait refuge dans les promesses de l'Au-Delà par une vie édifiante en Avignon, où personne n'identifierait en elle une des plus prisées et coûteuses putains de la Sérénissime République.

Elle boucla coffres, coffrets, cassettes qu'elle devait accompagner en lourd charroi, ne laissant rien moins que rien qui vaille. Elle eut l'habileté, avant de se mettre en chemin, de purger à confesse le reliquat des fautes cataloguées péchés, qui n'étaient pas à charrier. Éros étant le plus assidu et généreux donateur de son confessionnal, le sermonnaire, habilité à recevoir les plus gaillardes et savoureuses confidences de la dame, prêta une oreille attentive.

- Avez-vous tout dit ma fille?

- Je crois, mon Père.

Celui-ci poussa un soupir. Il ne prononça aucune parole abrupte. Parfois, l'habit de l'homme d'église se faisait plus léger que papier de soie. Aurait-il été sans pratique de la chose, qu'il pouvait prétendre urbi et orbi, être le plus averti, en théorie, des choses de l'amour aux mille façons suggestives. En ces temps moins reculés qu'on ne le pense, au regard de l'éternité, la robe ecclésiastique ne préservait pas toujours du péché, le plus naturel équilibrant du monde.

Contre pénitence bien légère d'ave et de pater, auxquels la pénitente, soulagée, ajouta trois cierges : l'un à la Vierge pour la vertu, l'un à Marie-Madeleine pour le repentir obligé de ses péchés et l'un à Saint Christophe pour la route. Ayant lâché trois piécettes dans un tronc, elle repassa le parvis. La dame pouvait emporter sans remords la charge de ses ducats et joyaux de ses culbutes galantes : elle avait obtenu du ciel une remise pour solde de tout compte.

Un doge, qui fut en catimini constant dans son alcôve, lui fournit en grande considération, une escorte armée pour dissuader les bandits détrousseurs de pérégrins et trousseurs de filles avenantes ou non, et qui s'apostent dans les sous-bois entre lesquels s'ouvrent les chemins.

Au passage du convoi, les manants, les rustres, les serfs et autres gens simples présumaient que ces voyageurs, si bien protégés, devaient être des notables dans leur pays. Quelques-uns se découvraient pour saluer l'autorité et la fortune. C'était de bonnes gens !

Arrivées à Avignon à grand arroi, les Vénitiennes prirent leurs pénates dans une demeure bourgeoise cossue. La première disposition de la dame fut de mettre en cage sa fille. Puis, ses bagages étant à l'abri, elle lança l'appel pour avoir deux domestiques féminines. Puis, elle fit sa première visite à son nouveau confesseur.

Celui-ci ne devait pas tarder à révéler l'émigrante à ses ouailles comme un parangon de vertu et le plus ferme soutien des bonnes œuvres de la paroisse. Il suffit de peu à l'indigent pour qu'une obole, un peu plus lourde, prenne un air de fortune et une grandeur d'âme à la charitable donatrice.

L'esprit participe souvent à la vieillesse autant que l'accumulation inexorable des ans. La charge des fards et des parfums fait vite illusion. Il n'est rien de plus incommodant, pour un galant baisotant sa conquête, de ramener sur ses lèvres un placard de mauvais goût, précipitant sa débandade à porte claquée, affaire faite.

La reconversion de la dame de mon penser fut un baume à son désenchantement. Le mystère qu'elle faisait de son passé ajoutait à son auréole de grande dame. On prête beaucoup au silence. Elle s'attifa de morale avertie et indulgente, incitant à un profond respect par tant de dignités confondues en une seule grande personne.

Mais, il y avait sa fille pour laquelle elle était assotée d'amour exclusif, et dont le maintien était celui d'un santon de Provence rose, blanc, bleu, tant on la confondait en prières pour le salut de son âme ; icelle qu'aucun coquin ne put approcher pour le mettre en péril de péché mortel ! Mais sa mère prêchait d'expérience sur les maux qui firent ses biens et auxquels sont exposés les tendrons candides.

En bref, elle s'imaginait être de force à tenir clos chez la jeunette ce qu'elle-même avait baillé à tout-venant, qui fut de belle apparence et généreux de ducats sonnants fermes et francs.

Soumise aux recommandations de sa génitrice, l'héritière très précieuse ne quittait son hôtel que pour aller ouïr messe basse en semaine, messe chantée le dimanche et promener, escortée toujours par sa mère-duègne, dans les allées éloignées du tohu-bohu et du charivari du centre ville.

C'était là où les jeunes gars et gentilles garces échappaient à la surveillance parentale. Le reste de son temps, la fillette, hormis celui du sommeil angélique, de la table peu épicée, des ablutions lustrales et des petites nécessités, elle le passait en lectures pieuses, patenôtres répétitives et longuissimes dans sa chambre tapissée d'images saintes aux quatre murs et faisant vigiles muets à sa chasteté.

Elle chantait elle-même ses vêpres a capella et sa voix suave s'échappait des murs en un bel canto mélodieux.

Sa mère n'avait à se garder pour elle-même que des coupe-bourses et tire-laine. Ayant moins d'exigences, elle allait la bride au col, hors les pénates, en Avignon.

L'air vibrant de la Provence est chargé des exhalaisons de sa terre privilégiée bénie des Dieux où les amours sont de toutes saisons, ignorant canicule et frimas, et auxquels le mistral donne des envolées coquines. L'air du temps s'insinuant partout n'apportait aux dames aucun regret d'avoir abandonné les eaux malodorantes et blêmes des canaux de Venise où le ciel ne se mire jamais, où la charge des parfums ne parvient jamais à surmonter les fâcheuses émanations. La nostalgie du passé s'y accommode fort.

Afin de déjouer toute intrigue malfaisante pendant ses absences et ne se fiant que modérément à ses deux ancillaires du cru ayant passé l'âge des fariboles, par ailleurs besogneuses et rustaudes comme serfs, la dame s'assura, par l'autorité de sa bourse, l'assistance d'une sainte nonne qui lui fut dépêchée par un couvent. Pour la Dame de Venise, la bonne femme en habit était l'idéal qu'elle recherchait. Madame, ma sœur était moralement en perpétuelle lévitation vers le paradis, ce qui la laissait dans un mysticisme sans tache, ignorant les réalités humaines. Une belle charge en vérité pour éduquer une fillette saine de corps et d'esprit !

Les jeunes du pays, faisant fi de la respectabilité reconnue de la Dame, et qui n'étaient pas accoutumés à de tels procédés, se gaussaient d'elle, la reléguant à la génération passée. Leur humeur en était piquée. C'était un crime de lèse-jeunesse car ils avaient lorgné subrepticement la jouvencelle chambrée. Elle avait un visage de madone, encadré par une opulente chevelure d'un blond qu'on ne voit qu'à Venise ; le soleil qui ne l'avait caressée que fortuitement, lui laissait un teint de lis, ses yeux clairs étaient, en éclats, joyaux de ciel marial.

La mère, à l'affût, voyait rôdailler ces brisquards juvéniles portant le diable au corps. Elle en exhortait plus vivement la recluse à plus de piété et la faisait se mortifier pour les péchés qu'elle aurait pu commettre hors de la cage.

Cependant, elle estima suffisantes les dispositions prises.

Il est à confier sous le manteau, que la mignonne, au chant des cigales, au clair temps, se prenait à abandonner, quand elle était seule, chapelets, livre de messe, prières et exhortations, pour regarder le parc, le ciel et, derrière les lointaines grilles, les passants, les flâneurs et ceux qui levaient la tête vers elle. Elle captait certains mots qu'échangeaient en sourdine, entre deux portes, les ancillaires robustes. La fillette avait l'intuition qu'ils n'étaient pas à répéter.

Un ange peut être asexué, ce que réfutent encore de doctes élucubrateurs, il n'encourt que le ciel, bien inéquitable en la matière : il est éternel et sa génération fut spontanée. Un eunuque bourrelé de graisse a-t-il à redouter la colère de son Cheik hérétique ? Nenni. Il franchit les portes du harem et y déambule. Il a la confiance du maître, n'ayant plus les générateurs alchimistes de la passion. Il se gave de la vision des cadines et la panse de sucreries.

Mais, le fait d'être homme ou femme en toute intégrité nous balance entre les feux de l'Enfer et les félicités du Paradis. Nous chevauchons jusqu'au dernier souffle la faute originelle : un méchant fruit alléchant accroché à l'arbre de science pour en brenner la création jusqu'à la fin des temps.

Il est vrai que la demoiselle qui nous tient à cœur ne connaissait qu'un seul sens de la vertu : celle de l'ignorance du vice. Cela était sa force et ceci sa faiblesse.

Certes, parfois des bouffées de chaleur coloraient un peu plus ses pommettes : la nature poussait la sève de la fleur et des fruits. Candide, elle confiait ses troubles à sa mère vigilante et bornée qui s'empressait d'intervenir :

- Prions… Prions ensemble. Le démon tenaille les âmes les plus pures.

La nonne venait quotidiennement remplir avec zèle son office dans le secret espoir d'insuffler sa vocation à la blondinette. En lectures édifiantes, elle égrenait à voix de sacristie, de sempiternels rosaires des heures durant. Cette monotone invocation moulinait jusqu'à la somnolence dans la tête de la pupille spirituelle de la directrice de conscience. La fillette n'était pas loin de penser que le ciel devait être affligé d'une certaine surdité pour qu'il soit nécessaire de l'invoquer dix, vingt fois par jour pour qu'il en oie un brin. Si ce n'était pas le cas, ne serait-il pas excédé d'être seriné par ses créatures ?

La religieuse lui brossait un tableau terrifique du Mal d'Enfer sous le prétexte de l'en prémunir.

Cette compagne eût été plus avisée de lui enseigner que le péché primordial est le plaisir qui fait la création, moyen de croître, suivant le Grand Commandement, et d'embellir d'autant l'Humanité.

Du fait de cette carence, l'ingénue devait user de l'aimable péché pour faire plus profonde pénitence.

Passons sans vergogne et avec délectation à la machination célestement délictueuse.

Certain matin, après laudes, la nonne tutélaire, ponctuelle et toujours saintement dévouée, approchait la lourde porte bardée de fer et de clous du domicile des Vénitiennes. Une consœur fraîche et juvénile lui barrait la route de l'huis.

Celle-ci dit benoîtement d'une voix sourde et voilée :

- Ma sœur, la Dame que vous servez auprès de sa fille vous prie d'accepter cette bourse d'écus pour que grâce soit rendue au Tout-Puissant dans vos œuvres couventines. Elle a le regret de vous informer que j'assume, dès l'instant, les fonctions que vous avez si bien remplies sur sa requête. Je suis sa nièce. Ma maison est à Bordighera. Notre noble Dame est empêchée de vous remercier elle-même.

La nonne écartée sans préalable fut stupéfaite d'une aussi soudaine disposition désinvolte qui la privait d'une disciple bien soumise et aimable. Elle n'en glissa pas moins la bourse réparatrice dans sa vaste poche de porte-clés. Elle rebroussa chemin d'un pas lent et contrit. Sa consœur l'intriguait.

- Quelle voix étrange !

Elle se retourna et trouva bien cavalier le pas de la nouvelle promue.

- Quels pieds !

Un doute l'effleura. Elle eut la louable tentation d'aller voir de plus près la tournure de sa remplaçante. Dans le mouvement qu'elle fit, les écus, dont la bourse s'était déliée, tintinnabulèrent. Elle se signa sans que le doute ne s'évapora et reprit la route de son couvent. Les écus avaient troublé sa sérénité spirituelle, apanage des âmes béates.

Le nonnain de substitution toqua hardiment à la porte de l'hôtel des émigrantes.

Il se présenta à la maîtresse des lieux, les mains dans ses larges manches et en baissant ses yeux railleurs, aussi brillants que ceux des diables d'enfer quand ils touillent la sauce à laquelle ils accommodent une fricassée, jamais à point, de créatures incomestibles qui leur sont balancées par palanquées.

- Notre-Dame, engagea le nonnain, notre Sainte Mère Supérieure m'envoie vers vous au lieu et place de la sœur habituelle qui doit faire retraite. »

La Dame eut un haut-le-corps :

- Voilà un bien soudain et peu délicat abandon.

- Croyez qu'elle en est désolée. Elle ne peut déroger à la règle qui est stricte.

- … Soit. Je m'y résouds. Allons, suivez-moi.

« Mon Dieu, que voilà une nonne de belle taille et chaussée trop grand. Ça doit être bien incommodant. Il est des mortifications bien étranges ! »

Elle n'était pas autrement contrariée de la permutation. La nouvelle nonne était jeune et agréable.

Sa fille l'eut également spontanément à gré car sa nouvelle gardienne de vertu ne l'assommait pas de chapelets, de patenôtres et de litanies. Ce qui lui laissait l'esprit bien clair.

Ainsi qu'une amie caressante et très attentionnée, le nonnain éloignait opportunément les ancillaires pouvant troubler le temps de la pénitence. La Dame, elle-même, respectait cette discipline le cœur à l'aise. Et le nonnain se montra empressé à aider sa fille à sa toilette et à son déshabillé, rendant inutile en cela le service d'une chambrière.

La Dame en déduisit un peu vite, que la vertu majeure de la couventine était son amour du prochain, un don du ciel. En effet, la religieuse, conquise par le charme de la vierge, poussa le zèle jusqu'à proposer de rester à demeure au logis. Elle disait avoir reçu licence de sa Supérieure qu'elle voyait chaque jour. Cela mettait le comble au bonheur des dames chez qui le nonnain eut le lit et le couvert.

Mais, la demoiselle ne fut pas longtemps à s'apercevoir que sa compagne était d'une autre facture que la sienne et qu'à son mignon et satiné reliquaire la clé du nonnain s'engageait bien. Interrogeant sa compagne sur cette nature ignorée, il lui fut répondu avec indulgence que l'objet différentiel était une petite cuculle de Chartreux que le nonnain résolut de porter sa vie durant en signe de contrition. Elle ajouta que l'usage chaleureux qu'elles en faisaient conjointement, était d'autant plus méritoire qu'il était renouvelé et tu à quiconque.

- Ma mère ne pourrait-elle en user ? Elle si pieuse !

Le nonnain leva les yeux, qu'elle avait beaux :

- Ce serait un parjure ! Il se signa. J'ai fait vœu de silence, relevé pour vous seule. Le péché mortel serait tel qu'aucune confession n'en porterait rémission.

La fillette objecta timidement qu'elle tirait de leur pénitence syncopée une telle joie, qu'elle craignait de déplaire au Seigneur.

- Ma douce amie…

- Douce amie ?

- Ne le sommes-nous pas ?

- Oh ! Certes.

- Ma douce amie, notre pénitence est si profonde que le ciel, dans sa grande bonté, entrouvre un court instant son paradis. Oui, c'est bien cela… Parfois, cela jaillit en petites étoiles fugitives.

Le nom de cuculle plaisait fort à la fillette. Celui de Chartreux y ajoutait la noblesse du silence.

Aux premiers échanges, la fillette ne savait pas qu'elle aggravait avec enthousiasme le voluptueux péché chaque fois que la cuculle outrecuidante les joignait en pénitence.

Tout un chacun trouvera dérisoire que la fille de la Dame de Venise se livra, sans un soupçon de malice, à un hardi et vigoureux jouvenceau qui s'était juré de visiter à la fois la cage verrouillée et l'oiselle en gêne de vie.

La jeune fille damée, que son ignorance ne rendait pas sotte ; après un doute niais, fut convaincue finalement que la cuculle était bien de nature humaine. Détournant instinctivement la tête de la croix, elle n'alla pas plus loin dans ses déductions et continua à participer avec vivacité à la pénitence.

Le téméraire jouvenceau ne tira pas sa bosse de cette affaire scabreuse après avoir réalisé sa double intrusion. Il s'embarrassa dans ses propres rets en s'amourachant à plein cœur de sa tendre et moins ingénue amiette. Il lui trouvait toutes les qualités, non seulement de beauté, mais aussi de cœur et d'esprit, jusqu'ici bridées par un enfermement aveugle et coupable.

Un sentiment d'indignité monta en lui, d'avoir dupé une si parfaite personne.

Il était si épris qu'il décida de forcer un peu plus la chance, au risque bien certain d'être prononcé de damnation par l'Église, et le quidam envieux lança à ses trousses les argousins.

Trouvant son chemin de Damas dans les murs mêmes de l'hôtel des Dames, il prit une piété raisonnable et fit pénitence véritable avec la demoiselle chaque fois qu'ils commettaient le péché. La conjoncture les contraignait à remettre à plus tard le franc repentir et l'abstention. Il lui fallait se révéler tel quel.

Cela ne pouvait durer plus d'une pleine lune qui incite les amoureux bucoliques à batifoler follement dans les fourrés propices dans des senteurs enivrantes de lavande, de thym, de romarin, aromatisant l'air de leurs amours et se mirant dans les eaux claires.

Il était inéluctable qu'un jour les routes de la nonne authentique et de la Dame se croisassent. Du bref et ébouriffant dialogue qui s'échangea, la Dame eut la brutale révélation de l'effroyable imposture. Tout à trac, le cœur battant la chamade, elle accourt au logis, plantant là la sainte femme ahurie.

Essoufflée, la parole bloquée dès l'instant, elle plongea son regard dans celui de sa ravissante enfant. Elle la tourna, la retourna et déchiffra sans peine le visage d'une bienheureuse à l'œil limpide et plus lumineux. La Dame frissonna de tout son corps, mais s'accrocha désespérément à une illusion bien tenue :

- Peut-être rien encore n'a été dérobé céans... Il est grand temps de confondre le suborneur.

- Vous êtes bien pâle, ma mère !

La Dame resta coite, se contraignant à s'abstenir de tout

esclandre au clair jour qui pouvait gagner la rue, la déconsidérer à jamais et fournir l'occasion à une jeunesse effrontée de s'ébaudir avec éclats d'une mystification pertinente sur le dos d'une mère accapareuse, tenant abusivement une fleur de chair tendre qui ne pouvait s'épanouir en serre stérile.

Adonc, la Dame rongeant son frein ne souffla mot de ce qu'elle apprit. Elle en avait bien du mérite : elle tremblotait de rage contenue. Elle eut encore plus de constance héroïque à montrer le moins possible sa tourmente intérieure au faux nonnain, alors qu'elle avait une envie folle de hurler et d'occire. Et lui, souriait, ses mains toujours fourrées dans les manches confortables de son habit d'emprunt. Les sens en alerte, il n'eut, in petto, aucun doute : la Dame avait connaissance de la supercherie. Il garda vaillamment le siège. L'affaire devait éclater.

La mère se tançant d'aveuglement s'avoua, amère :

- Ses chaussures sont vraiment bien ajustées...

Au crépuscule tombant, l'intrus s'en fut quérir - sur un ordre sans aménité - un objet hors les murs. La mère enjoignit alors à sa fille de changer de chambre avec elle. Bien que l'échange ne pût que lui déplaire, la jeune pénitente, par amour filial jugeant qu'elle était de fait relevée de son silence par l'ordre impromptu, prévint :

- Je crains, ma mère, que vous ne soyez ici contrainte à vous soumettre à la pénitence.

La Dame de Venise ne doutait plus de l'escamotage de la vertu de sa fille. Elle releva stoïque et hautaine :

- Ne vous en souciez, mie. Pour votre salut, je suis prête à éloigner le péché, ce qui me dispensera de toute confession.

La fillette, toute vertu perdue, s'en fut le cœur troublé dans le privé de sa mère et marmonna distraitement trois chapelets en compensation de son ordinaire suspendu. Son esprit était au chevet de son lit et ne le quittait pas.

La fillette éloignée, la mère moucha la chandelle et se glissa dans les froides couvertures. Elle était convaincue de prendre l'imposteur au piège. Cependant, l'angoisse lui séchait la gorge. N'aurait-il pas mieux valu confondre le brigand sur pieds ? Coincée dans sa couche, les yeux écarquillés dans l'obscurité, déconcertée, elle ressentit brusquement avec horreur une impatience qui, se propageant sans retenue d'en bas, lui mit la tête en feu. Cette flamme s'identifiait à celle qui fut la sienne durant sa besogneuse carrière de courtisane et de grande amoureuse.

Ce regain inattendu d'automne lui interdisait soudain impérieusement un renoncement définitif. Elle lança à mi-voix son incantation :

- « Vade retro, Satanas ! »

Elle la répéta.

Dans son affolement, toutes amarres rompues, elle était en humeur incontrôlable de partager avec fureur à pleine nuitée les vigoureuses et juvéniles mortifications, à son esprit mal défendant, et de recevoir les indulgences humaines plénières et apaisantes, non sans remords. Elle murmura plus faiblement dans un sanglot :

- « Vade retro, Satanas ! »

Le cœur palpitant, l'esprit à la dérive, elle perçut un pas feutré.

- Me voilà, ma sœur, pour notre commune pénitence, dit la voix de l'enfer.

La Dame bloqua sa respiration et s'immobilisa tétanisée, la peur et l'échauffement au ventre. La pauvre dame serra les dents pour qu'elles ne claquassent point.

Déjà prévenu par l'attitude de la mère, dans le silence et l'obscurité insolites, le jouvenceau se fit plus circonspect. Sa main souple effleura la robe de la Dame de Venise abandonnée sans soin sur un siège.

Alors que l'ancienne fille de joie se consumait dans des sentiments contradictoires bien attisés, le damoiseau tâtant par-ci, humant par-là, eut la confirmation de la substitution. Son parti étant pris, de pile, il fit face :

- Ma sœur, lança-t-il ex-abrupto, à la réflexion, je remets notre communion pénitentielle à plus tard. Je vais de ce pas faire une confession pressante à votre noble mère.

La Dame de Venise qui se mourait de sentiments violemment contraires, suffoqua au renversement d'intention de celui qu'elle comptait prendre. Elle se dégrisa et rompit le jeu, l'esprit en déroute. De saisissement, la gisante sautilla sur la couche empruntée et, débloquant brusquement sa poitrine, elle glapit en trémolo et trémulant de tout son corps :

- Je suis là ! Comme une personne prise en faute !

Le faux nonnain ne se départit pas de son aplomb. Allumant au jugé la chandelle, il annonça tout de go :

- Fort bien, noble Dame. Je résume. Votre fille est à marier.

Sur ces mots, la mère reprit son humeur outragée :

- Qu'est-ce donc ? questionna-t-elle assise sur le lit, menton levé.

Le jeune homme sourit au tableau baroque qu'elle présentait. Il joua :

- Le mariage ?

- Point cela... L'impertinence ! Répétez-la.

Sans provocation et doucement persuasif, il redit :

- J'ai dit : mariez votre fille.

- Il n'en est nullement question, trancha-t-elle dépitée, outrée, pour endiguer un destin qu'elle sentait inflexible.

- Voire !... Je connais un gentilhomme fort connu dans votre ville, ayant autorité et bien nanti dont le fils est irrémédiablement amoureux de votre fille.

- Peu m'en chout, - la voix était moins ferme - et ma fille jamais ne vit ce godelureau, voulut-elle se tromper encore sans conviction.

- Chi lo sa ?
- Quoi ? Elle le vit ?
- Plus que je vous vois. Sur ma cuculle de Chartreux, je vous l'affirme.
- Ceci est un mensonge grossier, aussi faux que votre prétendue cuculle.
- Faites ce mariage, je me confierai.
La dame eut un regain d'humeur possessive :
- Foin ! Tranchons là... Ma fille n'est pas à marier.
- Par ma robe, ma mère, il est trop tard.
- Que dites-vous là ! la voix de la Dame fléchissait.
- Voyez bien plutôt un maître myre.
- Mais, qui êtes-vous donc ?
Il donna son titre : Marquis, ses noms et prénoms. La Dame de Venise arrivée à ses limites poussa un grand cri, battit l'air de ses bras et tomba en pâmoison sur son lit douillet. Le jouvenceau inquiet, s'en fut la tâter dans la crainte que le coup porté lui fût fatal. Il n'en était rien. La mère reprit ses esprits. Elle se tut un moment pour lorgner le téméraire garçon et remettre en ordre sa tenue et ses pensées. Elle pesa le pour, laissant le contre. En fait, elle se trouvait amenée au consentement. Et ce d'autant plus que ce diable d'homme souriant s'était dépouillé de sa robe et de sa guimpe, lâchées fripées à terre. Le nonnain était métamorphosé en fiancé de la colombe. Personne ne pouvant lui rendre la vertu de celle-ci, la Dame s'avisa que son futur gendre était fort bien de tournure et d'allure. Son vêtement et sa mine sentaient son gentilhomme bien établi.

La fille, au bruit puis au silence qui succéda, survint le cœur au bord des lèvres. L'irréparable était-il accompli ?
- Qu'est-ce ?
La vue du jouvenceau sans robe ni guimpe la fit défaillir à son tour. Le fiancé l'étendit tendrement aux côtés de sa mère. C'était la moindre conséquence avant l'éveil à la félicité re-

connue par tous. Nul doute que son galant conservera ad vitam aeternam la soi-disant cuculle de Chartreux.

Ayant emporté de vive lutte l'assentiment de la mère encore choquée du procédé, celui de la belle ne faisant pas question, le jeune marquis se leva et, après s'être excusé respectueusement du stratagème audacieux, il dit :

- Mesdames, je prends congé de vous. Je vais informer mon père de notre décision et, après sa bénédiction, l'annoncer à mes amis. Il viendra, noble Dame, vous demander pour moi la main de votre fille.

Il fit un profond salut de révérence.

*

***

Le père aux cheveux poivre et sel - un bel homme - vint faire sa démarche et fit force compliments à la fiancée rougissante de bonheur.

Le père était veuf. Le mariage de son fils lui donnait à craindre la solitude. La Dame qui se frotta à du beau monde épousa le père. Ayant, de surcroît, économisé quelque vigueur au cours de décades peu agitées, il ne pouvait qu'honorer de bon droit sa femme.

La bénédiction nuptiale des deux couples les aspergea d'un goupillon bien trempé.

*

***

N'est-il point moral de lier le bonheur légitime suivant les canons de l'Église et désarmer les censeurs sévères du monde, après s'être hasardé par obligation à franchir la passerelle périlleuse de l'Achéron ?

Père et mère vécurent des jours apaisés attendant de beaux petits-enfants à pouponner. Leurs enfants étaient à l'œuvre pour leur complaire.

La nique avait été faite à Satan pris à son propre traquenard. Aimant les bons tours, il dut en rire.

Alléluia !

Devise : Primum vivere, decorde philosophari.

Amitié, Amour, et Bagatelles

Sans turbulences ou ingérence extérieure, l'amitié survit à l'amour quand celui-ci n'a plus sa verdeur et toute sa gestuelle intime.

L'amitié est de tous les âges. Dans les cas les plus nobles, à l'instar des pierres transparentes les plus précieuses, elle est le continûment d'affection le plus profond : amitié et fidélité étant étroitement entrelacées.

Étant dans la droiture de l'esprit et du cœur, je pourrais laisser courir sur un rail dès lors volontairement infléchi mon inconscient car je serais le seul à tenir la barre de l'imprévu en partie canalisé au préalable.

Implicitement impliqué, le passé emboîte tous les âges de l'individu. Comme une poupée russe caquant nos souvenirs, il dégage un climat chaleureux et coloré. Il en émane encore pour moi mille senteurs locales et exotiques par des chemins foulés en France, en Navarre, en Asie et en Afrique. Ils relient ceux dont les sommets s'inscrivent à vif en nous. À chaque homme de tous continents, de toutes couleurs franches ou nuancées, de toutes tailles et de tout poids, sa caverne d'Ali Baba, son dieu, ses dieux, ses sans-dieu-ni-maître et ses secrets.

Nous nous devrions de défricher à juste temps une nature vivace se renouvelant sans cesse ou de négliger cette propriété, en soi généralement généreuse et enclose qu'est notre existence.

La défricher pour l'ameublir binage après binage mental.

La résultante ira à notre redécouverte.

Pour poursuivre je pêche dans le vivier de mes pensées jetées çà et là sur des brouillons… Je suis brouillon au premier jet…

Il n'est véritablement de palpable en dépôt que le passé jaunissant comme feuilles d'automne se posant en compost sur terre nourricière…

Le présent est insaisissable. Il n'est ni vécu ni à vivre. Un seul mot dit, il passe la ligne. D'un soupir, il a franchi le pas de l'avenir. C'est la trotteuse d'un réveil…

Je me hâte sans précipitation pour rester au contact de mes contemporains. Pour ne pas rompre le Fil. Parmi mes contemporains il en est de fiers comme Artaban dont l'approche à hauteur d'homme est quasi impossible. Ils vont superbes, dans un tran-tran habituel, d'un pas souple et hardi, coquericant parmi les leurs et surtout les autres urbi et orbi. Prolixes, à chaque occasion d'écoute, ils baillent leurs exploits supposés, relevés sur mémoire de vie parfois d'une connaissance orpheline défunte…

Un plagiat parfait couvert par origine éteinte. Amen !... Exploits gonflés un peu plus à chaque tempo collectif, à ne plus s'y reconnaître soi-même.

Mais c'est si beau ces rêves ébahissant pour quiconque est à l'écoute innocente.

- Raconte-moi, dis, à une halte au troquet !

« Ne dois-je pas me surveiller moi-même dans mes emportements ? »

Et lui, ce vieillard à la fois banal et unique fit pis que pendre sa vie active durant.

Se transcendant certain jourd'hui, dans une supposé biographie verbale, foisonnant d'exploits virtuels fabuleux, à son habitude, ce catéchumène d'antan jouant son éternité sur un coup de dés pipés, prétendit s'assurer avec insolence, sans risque et sans certitude, un siège confortable au paradis.

Il s'isola à confesse. Il fouilla jusque dans les bas-fonds sulfureux en mémoire. Grâce au ciel, l'auditeur protégé par sa robe de père de tout pénitent l'agréant de recevoir toutes les turpitudes humaines, aurait déjà le poil blanc et la conscience réputée pieuse et blindée. Il ne tomba pas en pâmoison au souffle du damné en puissance qui lui débita au creux de l'oreille proche, avec une certaine jubilation intime involontaire, l'essentiel de ses péchés capitaux, souvent capiteux que notre Mère l'Église a catalogués mortels.

Reconnaissons que l'homme est déjà coupable d'être im parfait physiquement dés l'origine. Ce n'est pas original !

Dites-moi si le Seigneur sachant de la matière dont nous sommes formés, contraignant notre âme enclose ne considère pas comme bagatelles ces vices de construction, les péchés.

Chut ! N'en dites rien ! L'absolution est naturelle et évite les débordements.

... Subséquemment le passé est sollicité pour ce blanchiment sur un site de remembrance. Précis, il a le pouvoir comme le terreau au champ meuble d'enrichir notre personnalité à nulle autre pareille sur l'échelle virtuelle des valeurs, souvent fluctuantes, sur les vagues du temps passé jamais perdu.

Chacun est une entité unique. Les jumeaux c'est pour l'État civil et la famille.

septembre 2000

La Femme De l'Apothicaire

de Paul BRUANT

Ceux qui voudront blasmer les femmes amiables.
Qui font secrètement leurs bons marys cornards.
Les blasment à grand tort et ne sont que bavards.
Car elles font l'aumosne et sont fort charitables.
En gardant bien la loy à l'aumosne donner.
Ne faut en hypocrit la trompette sonner.

BRANTOME

Trente-cinq ans de ladrerie sordide et de solitude permirent, en premier chef, à Maître Bézuque Théophile, d'entasser espèces sonnantes et trébuchantes en tel nombre, que, sur son automne mûrissant, il songea à prendre femme.

Avare de ses écus et de sa force, au temps où il se doit honnêtement de conter fleurettes aux rousselettes, brunettes et blondinettes, le cœur de notre homme s'amollit à l'âge, hélas!... où s'amollit aussi l'instrument amoureux : seul argument que femme puisse admettre, entre chien et loup, quand voisinent sur l'oreiller la colinette et le bonnet à gland. De sa tardive et inconséquente intention, les jaseurs se gaussaient et se gaudissaient en gaudrioles effarantes :

« Pour rendre un hommage idoine aux demoiselles, il faut, disaient les uns, être un luron robuste, dispendieux d'un fond... de nature adéquate; qu'une belle préfère l'entrée vigoureuse et hardie d'un jouvenceau aux timides et molles génuflexions, au seuil du paradis, d'un compagnon relâché, déambulant à l'entrée de l'église; que bien fol est le vieillard qui veut cueillir des fruits et ne peut les gauler; qu'une pucellette est un domaine en friches qui attend le soc du vilain, traçant sillons, pour s'embellir, mais que la femme de l'apothicaire sénile n'aura que lustrage de gazon et ratissage d'allées infécondes, et encore, que l'oisillon qui a le bec ouvert est dans l'attente de prébendes et aussi, que l'épouse du sieur Bézuque Théophile, n'aurait entre les membres tremblants d'icelui que les tâtonnements, chatouillis et errements du jeu de M. Colin-Maillard ».

Bézuque Théophile ne se souciait mie des voisins dont les calembredaines lui parvenaient assourdies par la prudence. Du jour où sa cervelle tortueuse engendra l'idée matrimoniale, sa pratique le surprenait, maintes fois, en méditation éthérée solitaire et malsaine, au fond de la boutique d'apothicaire qu'il tenait rue du Roi Louis. La susdite pensée fit si bon chemin dans les circonvolutions de son encéphale, que le bonhomme résolu de la mettre en exécution.

Prévoyant, il acheta en premier lieu la cage qui devait contenir l'oiselle, en l'occurrence c'était une grande maison grise bâtie dans une venelle sombre et triste, baptisée « rue des Trois Lanternes ». Sur son ordre, de solides barreaux furent scellés aux fenêtres, les serrures furent vérifiées et doublées de verrous.

D'autre part, notre ladre et paillard maraud, pour veiller au grain, s'assura pour un écu d'or, les services d'une duègne à la poitrine plate et aux fesses navrées par quarante ans de ribaude. Il ne faisait aucun doute que cette nature repentie, par grâce de vétusté, n'eût la mine revêche et puritaine de la vertu vigilante. Son œil rond, comme cul de bouteille vu par le goulot, devait être la vestale de la Fidélité, le cerbère repousse-muguet qui à potron-minet promènera son quinquet falot d'un coin à l'autre de la morne demeure. Réalisant, fort justement, que son physique ne pourrait lui donner avantage auprès de la gent féminine, il prit un sac d'écus : il est souvent plus facile d'acheter un droit que d'acquérir en exclusivité et gratis le cœur d'une belle. Ayant rabattu son couvre-chef sur ses yeux, il partit à cloche-pied négocier femme.

Il fréquenta tripots, estaminets et autres coupe-gorge où journoyaient et faisaient sabbat, truands et croquants à mines patibulaires : ces manants étant mieux renseignés, par l'envie, sur les biens des riches, que ceux-ci qui les possèdent. Notre aventurier eut le bonheur insigne de s'en sortir, sans dommage pour sa mièvre personne, nanti de quatre adresses de familles de petite noblesse déchue : déchéance étant mal d'argent pour les petits grands de ce monde.

Il fit visite, se rendit compte. Reçu courtoisement, en égard pour l'intelligence de son or, il discuta avec âpreté les offres sur leur incidence pécuniaire. Il inscrivit apothicairement le fruit de ses recherches. Pour vous édifier sur la manière d'acquérir un bestiau, une franfreluche ou une donzelle, je rapporte « in extenso » le contenu de son manuscrit :

« Anne 18 ans - Mère 40 - Père défunt. Gaie luronne. Conserve le souvenir d'un freluquet qui dut emporter fleur d'icelle en Italie. 200 écus - Non ».

« Catherine 19 ans - Mère trépassée. Père grand ripailleur de gaupes. Fille doulce, résignée. Corsage pauvre, fesses modestes et pieds plats. 100 écus. Non ».

« Gabrille 14 ans - Mère 30 - Père marchand, portant gaillardement cornette. Pucelette, fillette, maigrichonne - Préférerais la mère - 150 écus (la fille). Non ».

« Aurore 17 ans - Père joyeux drille désargenté. Jolis yeux, jolis petons - Porte fleurs sur la robe et fruits dessous. 300 écus. Non. « 250 écus. Oui ».

Après quelques démarches hâtives, Théophile épousa Aurore.

Celui qui pouvait, par dame Nature, être le jeune fils de l'apothicaire, devenait, par force de loi humaine, le beau-père d'un gendre bancroche et blanchit. Mais ils n'eurent pas le loisir de s'appesantir sur cette anomalie.

Après un frugal repas, c'était Bézuque qui payait, le jeune vieux marié, prenant la belle infortunée par la main, courut l'enfermer dans son rébarbatif logis.

Le père d'Aurore, l'escarcelle engrossée d'écus neufs, butina de catin en catin dans les ruelles sombres, aux heures et aux endroits où se collettent quand ils se rencontrent coquins et grippe-coquins.

Au cours d'une de ses pérégrinations de chat de gouttière en feu au clair de lune, il fut proprement embroché par un tire-laine qui lui emprunta, pour l'éternité, les derniers écus badaudant dans ses poches de fornicateur incorrigible. Si le croquant défunt logea le plus souvent le diable dans sa bourse, Belzébuth le lui rendit bien en le logeant *ad vitam aeternam* dans ses Enfers. Pour être équitable et objectif, j'ajouterai que l'annonce de sa disparition plongea dans une profonde consternation une partie de ses créanciers, le reste n'en sachant rien.

Aurore était une jouvencelle pleine de charme au minois chiffonné par l'ennui. Cloîtrée, encagée, entourée d'ombres, il était à craindre que cette fine fleur de soleil et de liberté, ne soit plus vite déflorée de langueur que par la virilité fléchissante de son époux.

Dans la maison grise de la rue des Trois Lanternes, la trame d'une vie monotone se déroulait aux quatre temps du jour et aux quatre temps de la nuit.

À Vêpres, l'apothicaire fermait boutique et s'acheminait guilleret vers la demeure conjugale. Son imagination battait la campagne. Le vieux matou rêvait d'exploits amoureux que chaque soir il pensait pouvoir accomplir ; il est de ces êtres étranges dont l'appétence visuelle est plus grande que le volume du gaster. Il est vrai que le plat offert au défaillant était un plat de roi... servi à un anorexique.

Dans ses excellentes dispositions, uniquement cérébrales il poussait la lourde porte bardée de fer, derrière laquelle l'attendait, par force de loi, Dame Aurore. Avec elle, il prenait place à table pour le repas du soir.

La jeunette qui avait vu d'un air maussade le départ du soleil par la baie barraudée de sa fenêtre, semblait en face de son maître qu'indifférente et résignée.

Elle sentait peser sur elle le regard trouble de l'homme. Pour ne point trahir sa répulsion elle tenait les paupières baissées. La carabosse, portant les plats, ajoutait à cette scène silencieuse la sourdine de son traînard et la fixité morbide de son œil d'oiseau de nuit. Le repas terminé, la vieille tirait la mèche du quinquet, ajoutait un peu d'huile, préparant ainsi l'instrument de ses rondes incessantes, funambulesques et fantomatiques.

L'homme, avant de monter à sa chambre, jetait l'ordre, désormais rituel :
« Mettez la barre et tirez les verrous ».

Tandis que la belle du logis prenait toilette nocturne, l'avare comptait ses écus qui chutaient mollement, un à un, par intervalle pesé, dans le coffre. L'opération se terminait par une cascade d'âpre satisfaction, le chant d'un effort et le déplacement du lourd réceptacle poussé sous les tentures.

Alors, un calamiteux spécimen de notre humanité se dévêtait et, prenant camisole blanche semblait un revenant dans son linceul. Le corps velu et flasque de l'apothicaire s'étendait aux côtés de Dame Aurore qui stoïquement s'apprêtait à recevoir ses assauts énervés et légitimes.

Nocturne arrivait avec le martyre d'icelle. L'homme épuisait en chevauchées fantastiques et fléchissantes seules ses pensées surchauffées ; mais, fruit de son esprit, son ardeur était mort-née, après moult lustrages de poils, efforts méritoires et éreintants.
Sans profit pour les jouteurs, les heures tombaient sans que la Dame puisse donner la colée à ce chevalier défaillant et disgracieux.

À Vigile, la belle sombrait dans le sommeil. L'apothicaire fourbu, mécontent, essoufflé et battu cherchait formules à élixirs et philtres d'amour. La vieille, avec son ombre et son quinquet, hantait les couloirs de glissements étouffés et grognements incongrus.

À mâtines, Aurore dormait en rêvant ; son époux dormait en ronflant ; la sorcière dormait en parlant.

De prime à none la vie était plus morne encore pour la nouvelle et malheureuse épousée. L'apothicaire se levait courbaturé, vieilli, brisé, traînant savate comme bagnard au boulet. Il partait dodelinant et sonnant du chef, les épaules voussées, les yeux chassieux et clignotants, vers sa boutique. Il en revenait au mitan du jour pour le repas, déjà un peu ren-gaillardi par quelques heures de somnolence.

Dame Hermione dormant à demi, entendez par là quelle n'ouvrait que l'œil droit, était l'image d'un cyclope dégéné-ré, chétif, ratatiné, qui cuisinait en marmottant, surveillait en grognant et marchait en geignant.

La Belle Aurore, esseulée, pleurait en désespérant, mais elle se dévoilait complaisamment, pour se rhabiller coquette-ment et parfois songeait en fredonnant.

Et le temps fuyant ainsi au fil des heures monotones : chaque heure marquée fidèlement par la répétition des gestes du jour précédent qui seront repris le lendemain et, peut-être, de longs temps durant.

Dans ces murs sombres, ces êtres quasi silencieux étaient à la semblance de ces œuvres d'horloger, montées sous le clo-cher des églises, stigmatisant, par des figurines, les sept péchés capitaux. Un seul événement notable pimenta leurs existences d'automates.

Un matin, Bézuque Théophile, les yeux encore quasi re-tournés, par grâce de Morphée, prépara drogue propitiatoire aux ébats conjugaux, et ce, pour pallier à son insuffisance. Mais sa vue étant amoindrie par le sommeil et la fatigue, il prit drogue purgative pour drogue d'amour.

De bonne foi, on s'en doute, il s'abreuva avec délectation de la mixture à dose chevaline, et satisfait, il piqua un petit somme de bourgeois en attendant le premier client.

Il avait introduit dans sa carcasse, au lieu d'un Éros dodu et mignard avec flèches et carquois, une bonne grosse ménagère picarde avec ses balais, ses brosses et ses chiffons ; une ménagère bruyante, claquant les portes, chantonnant d'aise de la cave au grenier et qui allait expurger de vive force, du vétuste habitat, toutes choses malsaines et encombrantes.

Ce fut sur le midi en débouchant rue des Trois Lanternes que Bézuque Théophile éprouva une gêne grandissante au plexus solaire, et un besoin pressant de baisser culotte. Il bondit vers son logis ; serrant les fesses, il gravit l'escalier vermoulu, et put « in extremis », au sommet du calvaire, relâcher le trop plein de la coupe dans le vase de nuit ; aussi soudainement une envie de vomir tendit son col ridé, et les yeux exorbités, comme tête de gargouille. Il se saisit du bonnet de nuit, pendouillant innocemment à la portée de sa main.

Ce fut le réceptacle inattendu de sa bile de misanthrope vicieux. Le duo sonore du gosier hoquetant, et du fondement flûtant, agrémenta cette journée désormais mémorable.

Il était agréable à Dame Aurore d'ouïr cette symphonie à vase clos : elle en augurait une succession de nuits paisibles, exemptes d'attouchements et d'accolements de batracien visqueux.

Mais, las ! l'apothicaire n'en creva point : le bénéfique penser de l'amoncellement de ses écus et la présence de Dame Aurore furent les branches maîtresses auxquelles il s'accrocha désespérément au bord des Enfers.

En quelques jours tout revint dans l'ordre, et le tic-tac des secondes, l'agrément sonore des heures présidèrent aux habitudes quotidiennes.

Le barbon dépérissait et revenait à Dame Aurore à la manière de ce maître fou qui trépassa de lassitude et de chagrin pour avoir voulu, mais en vain, faire tenir en équilibre sur une fesse, sa marotte qui se moquait de lui au tintement aigrelet de ses grelots.

La vieille se parcheminait, se desséchait ; la vierge s'étiolait au bruit des écus, des grognements et des soupirs.

La vie d'Aurore ne devait point cependant se dérouler longtemps dans cette cruelle et dolente uniformité.

Durant les longues heures de solitude, ses mains diaphanes se posaient parfois tristement sur la broderie, pour laisser le regard suivre les quidams traversant la rue des Trois Lanternes.

Cette manie de prisonnier était sa distraction favorite, et devint, à la longue, un jeu dans la connaissance qu'elle avait acquise sur les passants habituels : il y avait la Demoiselle-brune-au-pied-léger ; l'homme-en-noir ; le vieux-bancroche-aux-jambes-arquées et, quelques autres s'identifiant à leurs habitus.

Bientôt, elle ne fut pas sans remarquer le passage d'un jouvenceau de belle mine.

Aussitôt qu'elle l'apercevait, son cœur battait plus vite, et ses yeux l'épiaient. Son impatience était grande quand il tardait à se montrer ; sa déception, quand elle ne le voyait point, la replongeait dans son désespoir.

Elle n'aurait su dire ce qu'elle attendait de celui qu'elle regardait et qui ne la voyait point mais un rayon de soleil réchauffait ses dix-sept ans, si le pas, maintenant familier de l'inconnu sonnait, clair sur le pavé.

Enfin, un dieu compatissant ou peut-être le Hasard, ou bien encore le Destin, fit qu'un jour le damoiseau musardant, leva son beau visage au nez impertinent, vers la fenêtre par laquelle se révéla à lui, en apparition fugitive, la plus belle fille que jouvenceau puisse rêver.

Ils échangèrent un regard étonné et auraient presque affirmé se connaître tant leur vision s'accordait apparemment avec leur idéal et secret désir.

Aurore eut un recul de biche, effarouchée qui la plongea dans l'ombre de la pièce, cependant que le jeune homme, figé sur place, se sentit pâlir. Un instant interloqué, il réalisa l'incongruité de son attitude, et partit, l'esprit assailli de mille interrogations qu'il ne pouvait ordonner.

Dès lors, chaque jour il allait et venait sous la fenêtre de la recluse. Contraints d'abord, ils ne restèrent point longtemps dans leur craintive contemplation car, si la belle enfant était timide, notre mignon, par contre, était hardi et connaissait par instinct, comme la plupart des gens de son âge, le processus galant à suivre en telle conjoncture.

Sa constance et sa gracieuseté lui valurent d'abord un sourire, qu'il conserva en gage, jusqu'à ce que ces baisers, qu'il envoyait galamment du bout des doigts, fussent repris, en tremblant par Aurore.

Il s'enhardit, enfin, à lui envoyer avec adresse, ces quelques mots, écrits avec passion sur un papier roulé autour d'un caillou :

« Je vous aime. Quel est votre nom ? » et, en réponse sans qu'il vît d'abord la jeune fille rouge de plaisir, il reçut à ses pieds un léger mouchoir portant brodé en coin : « Aurore ».

« Aurore ! ». Il se répéta ce doux prénom et, comme la jeune fille revenait à la fenêtre, elle vit son amant porter lentement à ses lèvres la précieuse étoffe, dont il humait le parfum intime qu'elle lui livrait. Après avoir enfoui le talisman odorant, le jeune homme partit sur un grand geste de triomphe.

Pour Jhean de Valrenouard, c'était le nom du damoiseau, tout était clair, il lui fallait approcher la belle. À la façade peu accueillante de la maison d'icelle, il en conclut qu'il serait vain de frapper à une porte d'aussi hostile apparence, pour des raisons qu'il ne devait pas tarder à apprendre car il n'était pas homme à attendre arondelle en sa main.

Il se renseigna, fureta et, fit tant de ses jambes, de sa jugeote et de ses écus, qu'il en sut bientôt plus long sur Maître Bézuque Théophile et sa commère Hermione Tordlimoy que ceux-là même, pour cause prime que les éclaireurs de lanterne ne pouvaient sensément les flatter.

Le jouvenceau en mal d'amour, mais malin et patient, allait et venait, évitant toutefois, aux alentours de la rue des Trois Lanternes, le faisceau visuel de la méfiante duègne.

Il attendait l'antique gaupe en dehors de son périmètre de surveillance car c'est elle qui, dans ses plans, devait l'amener aux genoux d'Aurore, qu'elle avait charge de protéger contre les galants et partant… contre elle-même, pour l'exclusive satisfaction du vieil époux.

L'amant n'avait pas été sans remarquer les visites que faisait la carabosse à l'estaminet du « Bois Chenu », où se débitaient breuvages de palefrenier. « De visu » il avait enregistré le fait et avait conclu que si le nombre des verres vidés était modeste, c'est que la vieille avait une bourse n'autorisant pas de plus confortables libations.

Dame Hermione avait, en eaux dormantes, un vice qui n'est point l'apanage exclusif de la jeunesse, mais peut fort bien pallier à un vice perdu faute de moyens et d'appas.

La vieille aimait le boire comme jadis la bagatelle et, Jhean de Valrenouard, à cette ouverture inespérée, se devait de pousser à fond la botte qui terrasserait la difficulté ; c'est-à-dire qu'il se sentait disposé à sacrifier quelques pièces de bonne monnaie pour jeter le trouble de l'ivresse dans cette vieille guenon défiante.

Il n'est point besoin d'être clerc de notaire, pour admettre que ce but atteint, l'audace et la cervelle fraîche du juvénil amoureux, trouveraient l'occasion favorable de dérouter l'ivrognesse porte-clés de ses austères devoirs.

Le luron accommoda le délicat préambule, avec un sien compagnon, qui ne fut mis dans la confidence, que pour une bénigne gauloiserie à faire à une infâme sorcière.

Adonc, nos joyeux drilles, se dirigèrent le jour dit vers l'estaminet du « Bois Chenu » où ils savaient voir venir bientôt Dame Hermione qui, sans vergogne se rincerait la luette de deux rougebord de spadassin.

Le but était d'acquérir la sympathie d'icelle au profit de Valrenouard, qui écarterait, en quelques passes, ce bouclier de fidélité, avant de porter l'estocade victorieuse.

La vieille cependant arrivait trottinant comme gent trotte-menu.

L'affidé de Valrenouard s'attablait en buvant, celui-ci se cachait en guettant. Dame Hermione ne se doutant, mais toujours marmottant, vidant une première chope en vida une deuxième, non sans jeter un coup d'œil à la dérobée.

Ses quatre poils, hissés sur une verrue mentonnière, conservaient ainsi que rosée sur l'herbe une goutte de vin ; celle-ci résista un instant au branlement du chef mais finit par choir en s'élongant dans la bourse efflanquée et crasseuse de la vieille qui sortait monnaie pour payer sa boisson.

Sur un signe de Valrenouard qui épiait, son complice se campa devant Dame Hermione :

- Or ça, vieille sorcière qu'avez-vous à marmonner contre moi, en me regardant de si méchante façon ? Ai-je donc tête de ruffian ou de cuistre ? et, avant de l'entendre, il l'accabla de vérités se rapportant à sa mine et à son allure de fossile desséché et vicieux.

La vieille, d'abord surprise, puis suffoquée, demeurait figée sur place, sa bouche à chicots béante comme si Satan, en apparition soudaine, lui eût enjoint de plier bagage sur l'heure pour l'aller rejoindre en son Empire.

Au plus fort de l'affaire, un Saint-Michel surgit, d'on ne sait où, pour prendre généreusement la défense du faible. Dame Aurore y aurait reconnu son amant. Honnêtement, la farce était si bien jouée, que les bonnes gens, attirés par la querelle, s'agglutinaient à l'entrée de la salle dans l'attente de voir les deux hommes se livrer un combat à outrance.

Malgré leurs attitudes inquiétantes nos compères mouraient de rire contenu. La vieille à petites reculades incertaines s'approchait de la porte : cette histoire ne lui disait rien qui vaille ; son teint de brun tournait à l'ivoire.

Hélas, nos deux lascars ne perdaient pas de vue l'objet de leurs débats passionnés et, toujours en temps opportun allongeant alternativement le bras de la défense et celui de l'accusation, ils ramenaient à leurs côtés, pour appuyer leurs dires à charge ou à décharge, l'épouvantail épouvanté.

Après d'éloquents échanges de belles et vigoureuses paroles, le complice de Valrenouard se retira, fier comme Artaban, après avoir obtenu une réparation par les armes, laissant le champ libre à son ami. Celui-ci devait amorcer enfin la conquête de la domestique de Bézuque Théophile. Pour ce faire, notre luron fit asseoir sa protégée « vénérable » et commanda pour elle un petit réconfortant. Cette attention amena une larme attendrie à l'œil de Dame Hermione ; il était précieux de rencontrer, à cette époque de ruffians, d'aussi courtois et galants hommes. Et Valrenouard écoutait et payait, et la vieille buvait et parlait, et les chopes se vidaient et se succédaient. Une pièce d'or glissant d'une main ferme et vigoureuse dans une main tremblante et osseuse termina heureusement le dialogue.

De bonne humeur, le jouvenceau quittant l'estaminet s'en fut retrouver son complice. Ce fut un duel de rires homériques, de solides tapes sur les épaules, sur le ventre, sur les cuisses : toutes manifestations de détente joyeuse qui dilatent la rate et dégagent les poumons.

Quand Jhean de Valrenouard s'arrêta sous les fenêtres de sa mie, il lui lança ce message d'espérance :
« À bientôt ! »... et la belle sourit un peu plus à la vie.

La carabosse, bourse toujours garnie fréquentait un peu plus l'estaminet. Sa surveillance ne se relâchait point au grand dommage d'icelle qui se gardait du Diable et à qui le Diable payant à boire, prenait figure de chevalier servant inoffensif.

De la beuverie quotidienne, la vieille s'en revenait tout de guingois ; branlant davantage du chef; agitant ses maigres bras en battoirs de lavandière soliloquant et arrondissant un peu plus son œil dextre.

Si de Valrenouard, à la longue, y perdait quelque argent, il y gagnait par contre, moult renseignements précieux sur les habitudes des maîtres de l'ivrognesse et sur leur demeure dont il connut bientôt toutes les issues et toutes les pièces : il avait les confidences désirables ayant l'habileté de ne point les solliciter ouvertement.

L'apothicaire qui ne se doutait pas, le moins du monde de la brèche ouverte dans son système de protection, vaquait à ses besognes diurnes et nocturnes avec une constance et une égalité d'humeur remarquables. Cependant le loup, guettant sa charmante proie consentante, ne devait point tarder à s'introduire dans la bergerie.

Prévenant au possible, de Valrenouard apportait, jusqu'à la rue des Trois Lanternes, les beaux flacons vermillonnés pleins jusqu'au bord de bon et authentique jus de la treille. Dame Hermione, aux tocs conventionnels, entrouvrait l'huis, prenait à charge son vin vieux et, grimaçant un sourire, refermait la porte et poussait le verrou.

À pas comptés, de Valrenouard approchait du but et, tant était grande son habileté à paraître désintéressé qu'il put s'introduire dans la maison grise avec l'autorisation du cerbère.

Pour ce faire, il prétendit qu'étant soudainement fort occupé dans la journée par certaine affaire délicate, il ne pourrait à son grand regret revoir une dame de si attrayante compagnie.

- Ne pourrait-il, toutefois, se montrer sur le tard?

- Il le pourrait, mais, il avait la crainte du guet, qui trouverait suspect qu'un quidam s'arrêtât à une heure insolite au seuil d'une maison de si respectable apparence.

Point n'est besoin de souligner combien en un seul être la lutte du vice et du devoir devait comporter de risques pour le jouvenceau. Mais la vieille était marinée : sa vertu défaillante sombrait noyée dans la boisson et son esprit dans le trouble bacchique.

- Puisqu'il ne pouvait faire autrement, il serait introduit en cattimini dans la salle commune du rez-de-chaussée, ses maîtres étant suffisamment distraits dans leur chambre par les plaisants devoirs conjugaux, les Pigeons !

Le soir venu, la lourde porte d'entrée s'entrouvrait pour le mignon et, si la barre fut mise et le verrou tiré, conséquemment aux ordres donnés, ce fut derrière lui. On ne saurait être assez précautionneux par ces temps troublés où, ainsi qu'honnêtes sujets du Roi, circulaient librement tire-laine, spadassins et autres gibiers de potence pris de boisson.

Cependant attablée, la ménade buvait en larges lampées. Son compagnon feignait l'accompagnement en portant aussi souventes fois qu'elle sa chope aux lèvres mais il ne touchait le vin qu'à pincettes.

La vieille le surveillait sournoisement : ultime sursaut de son subconscient alerté. Le jeune homme, apparemment indifférent, écoutait les bruits parvenant de l'étage ; il avait le mérite, à certains craquements significatifs, de ne point bondir sur la mégère, l'étrangler et forcer la chambre des époux pour faire subir le même sort au barbon besognant Dame Aurore.

Si notre bonhomme était audacieux, il n'en était point fol pour autant. Son heure d'agir viendrait : il lui fallait attendre et non se comporter en tranche-montagnes.

Ce fut un jeu d'enfançon, pour lui, de persuader le cerbère de lui accorder ses entrées de jour. Dans le crâne de Dame Hermione embrumé par les vapeurs de l'alcool, le jour était moins compromettant que la nuit ; elle accepta.

Dès lors le danger était extrême : l'apothicaire pouvait retourner prématurément de la rue du Roi Louis, ou encore avoir quelque fâcheux écho du comportement de Dame Hermione et de son sommelier bénévole. Mais le temps passait et notre amoureux sentait en lui l'aiguillon de la passion qui le piquait ainsi qu'éperons sur les flancs d'un poulain de sang.

Du moment où la porte lui était ouverte au grand jour, ce fut entre lui et la curiosité publique, dans sa superbe malignité, une course fantastique.

La voix de la Vertu grossissait et se rapprochait de la boutique de l'apothicaire. Elle tournait, malveillante et haineuse autour de la maison grise de Maître Théophile Bézuque, et de Valrenouard mettait lampées doubles en l'outre de Dame Hermione qui présentait l'ouverture toute conscience éteinte.

C'était un duel bacchique épique. Qui n'eût été horrifié de voir la patiente vautrée sur la table, saisie soudain aux cheveux par une main nerveuse qui, lui renversant la tête en arrière introduisait dans la bouche édentée et empuantie, l'entonnoir encrassé ? Qui n'eût été terrifié de voir se vider par cet appareil de torture tous les fonds de bouteilles restants ?

Le liquide glougloutait péniblement dans l'oesophage et, la vieille imbibée jusqu'à saturation, s'écroulait ivre-morte dans un bruissement de vieilles choses. Notre galant prenait le paquet informe, le traînait et l'allait ranger discrètement dans un coin sombre.

Le lendemain, Dame Hermione, n'était point en état de se remémorer cette finale... outrée et le jeune homme revenait honnêtement, sourire aux lèvres et toujours mieux approvisionné en boisson. Elle ignorait, à plus forte raison, ce qui suivait ces scènes d'où elle partait pour le sommeil de l'ivresse.

Jhean de Valrenouard n'était point généreux de son escarcelle, pour le plaisir d'occire la carabosse par beuveries rabelaisiennes : nenni ! Sitôt qu'il avait écarté le sac-à-vin il gravissait les escaliers et à genoux rendait hommage à la dame de son coeur.

Le jour où il fit savoir, dans un baiser à l'envolée :

« Aujourd'hui je serais à vos genoux », Aurore en conçut d'abord un grand effroi et redouta une issue fatale.

Puis, son esprit, échauffé par le message, juxtaposa les images de Bézuque et celle de son amant.

Le premier n'évoquait que prison, ombres, silence et vétusté, avec ses grands pieds, ses jambes maigres et velues, en un mot tout le présent abhorré.

Le second, si jeune, si hardi, était la personnification de la liberté, de la clarté, de la vigueur. Il était beau et bien fait : celui-là, c'était aujourd'hui... tout à l'heure.

Un émoi inconnu d'elle soulevait sa poitrine et redonnait à cette fleur la force gracile de ses sœurs des champs, touchées par le baiser du soleil.

Viendra-t-il ? Aura-t-il la belle audace d'apparaître ainsi qu'il l'avait promis, dans cette chambre qui ne fut témoin que d'étreintes de maniaque insuffisant ?

Elle se surprenait à douter. Les heures lui paraissaient terriblement longues. Elle attendait et n'osait croire cependant qu'un tel bonheur put lui échoir.

Aussi sa surprise fut immense quand la porte de sa chambre s'ouvrit brusquement sur Jhean de Valrenouard. En un instant, celui-ci fut à ses genoux demandant pardon pour sa témérité : ceci était politesse galante et de bon aloi. Il savait bien, le pendard ! que seul n'aurait trouvé grâce un manquement à sa promesse. Quand il baisa longuement la main de Dame Aurore, celle-ci ne la retira point, mais posa spontanément l'autre sur la tête du bien-aimé.

Ils ne se dirent point sornette mal venue dans leur émoi, le jeune homme aimait trop parfaitement la jouvencelle de ses pensées et de son coeur.

Le premier jour, les jeunes gens se contentèrent donc du platonique jeu de main à main. Leur cœur était en fête et la bienséance bridait la première rencontre.

Ce qu'ils ne pouvaient faire décemment à cette heure, ils le pouvaient le lendemain.

Ils ne s'en privèrent point.

L'amant n'était pas un butor, et savait galamment obtenir ce qu'elle cachait encore.

« De grâce, Madame, libérez ces tétons qui muchent leur carmin dans leur cellule rose »

Avec douceur et amour, il dénouait le corsage tout en tenant son amante étroitement embrassée contre lui. Ainsi de place en place il dévoilait le corps adoré.

Possédant le talisman idoine à se faire pâmer icelui, il paracheva courtoisement le mariage légal de Bézuque Théophile.

Et la vieille buvait et dormait, et le jouvenceau besognait hardiment et, le baron comptait ses écus et chevauchait mollement, et la Belle se pâmait, riait et chantait au grand plaisir de son mari de nom et de son amant mignon.

C'était entrechats de flacons de vin, quadrille d'écus d'or et menuets de mignardises.

Tout ce monde était heureux : la vieille ne voyant rien, le barbon ne sachant rien, les tourtereaux ne se privant de rien.

Mais la voix publique s'enflait : hydre aveugle prête à éclater. Elle arrivait menaçante dans une floraison de drapeaux austères : le Devoir légal, le respect humain, la Loi, la Justice, l'Intolérance ; les barbons jaloux, les hypocrites, les collet montés, les envieux, les fesses plates, les antiques catins étant les porte-drapeaux et, les peigne-culs ignares formaient le choeur : le tout étant la méchanceté imbécile.

Qui dit Amour, dit soleil, clarté, chaleur et grands espaces, franc parler et rire clair, en un mot, dans une ambiance irradiante, l'expression même de la vie, qu'on ne saurait trouver dans la demeure peuplée d'ombres, de bruits d'écus et de grognements de Maître Bézuque Théophile, apothicaire, engoncé dans sa houppelande comme scarabée dans sa vesture. Son logis poussiéreux étant un défi à la vie, une insulte à l'amour et, partant, la négation de la Nature, était également un corselet de contraintes chaque jour plus insupportables à nos deux amoureux.

Pour parler net, une solution s'imposait. Point ne fallait compter, et pour cause, sur la compréhension généreuse du maître de céans, qui n'entendrait ni à hue ni à dia.

Le barbon avait une conception artificieuse et égoïste du devoir, du légitime écrit noir sur blanc, dûment paraphé et signé, contre-signé, cacheté et enregistré sur le certificat de propriété qu'était son acte de mariage, si justement acquis contre honnête monnaie d'apothicaire ; certificat légal qui plaçait son droit conjugal sous la protection des gens de justice, de l'égoïsme bourgeois et de toutes les retraitées de l'amour en mal de vertu facile par faute d'arguments amoureux partis avec les « neiges d'antan ».

Adonc, Dame Aurore et son gentil amant, complotèrent de bouche à oreille, de prendre la clé des champs.

Jhean de Valrenouard ravissait à l'apothicaire la belle Aurore qui fut dérobée à la jeunesse par un vieil homme.

Pour ne point partir comme de vulgaires coquins, nos jouvenceaux, après que Dame Hermione, comme à l'accoutumée, eut fait libations propitiatoires à Bacchus, par vertu de dive bouteille, ils placèrent icelle au lieu et place de l'épouse de Maître Bézuque. Mis en gaieté, par ce rétablissement des convenances, ils quittèrent à jamais la maison grise et ses barreaux.

Quand l'apothicaire, qui ne comprenait mie au silence de sa demeure, se glissa dans sa froide couche, il pressa amoureusement dans ses bras celle qu'il prenait pour son épouse. L'étreinte passionnée de Théophile libérant dans sa pression un écho aviné, jeta un trouble de l'horreur et de l'angoisse dans son coeur. Ce qu'il advint n'étant point matière à l'histoire gaie, nous quitterons la rue des Trois Lanternes, pour un adieu, par ce clair matin, à Aurore et Jhean de Valrenouard serrés sur la même cavale qui galope sur la route de leur bonheur.

Quoi qu'on en dise, les gens heureux ont une histoire que nous aimons à raconter à la veillée, comme on aime à éclairer une pièce obscure.

Cependant connaissant nos tourtereaux, vous devinez ce qu'ils firent et ce qu'il put advenir d'eux.

Les joyeux drilles, les bonnes gens aux mœurs saines ont dans un éclat de rire homérique crevé l'hydre de la médisance et, partant, donnant la morale du geste mirent fin à l'aventure de Jhean de Valrenouard et de Dame Aurore.

NOËL

La source pleure sous la roche
La neige pèse sur les bois
La fin de l'année approche
Le silence et la mort sont rois

Belle nature à mante blanche
Aux arbres dépouillés, mourants
Frileux, les oiseaux sur leurs branches
Rêvent au retour du printemps

Allez au-dessus des nuages
Chanter le soleil et la vie
Mais rendez-nous votre ramage
Quand reviendra Mai si joli !

Et nous, serrés près de grand-mère,
Autour du foyer qui flamboie
Nous faisons le tour de la terre
Pour les histoires d'autrefois.

L'Étoile du Berger rayonnc
Et dans l'air pur comme un soupir
Joyeux, le clocher carillonne
De Bethléem le souvenir.

Un peu vos portes entrebâillez
Et glissez un morceau de pain
Aux pauvres gens dépenaillés
Qui dans l'ombre tendent la main.

Paul Eugène Bruant - 1934

(paru dans l'Éclaireur de Nice et du Sud-Est)

SOMMAIRE